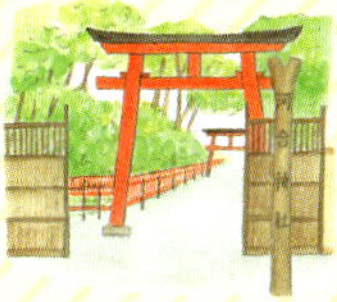

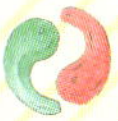

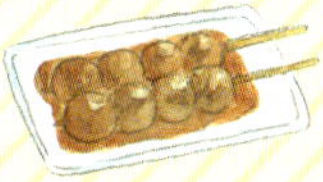

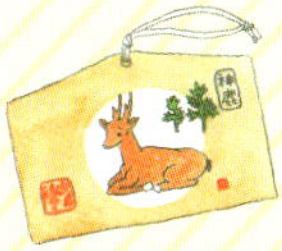

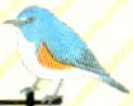

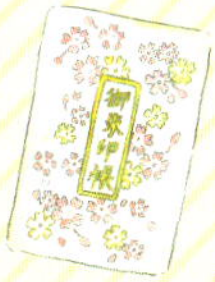

幸運がやってくる！
おひとりさまの神社めぐり

永谷綾子

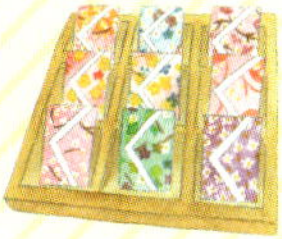

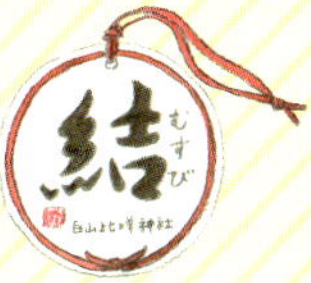

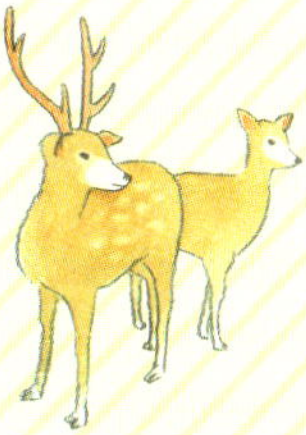

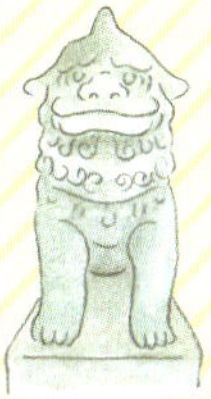

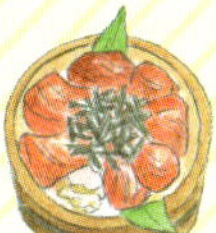

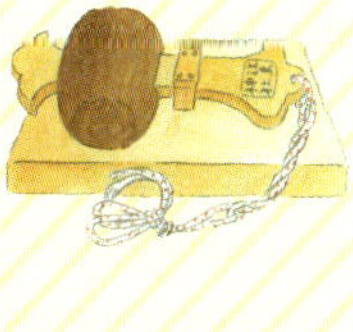

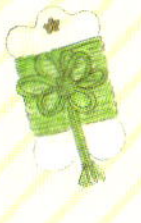

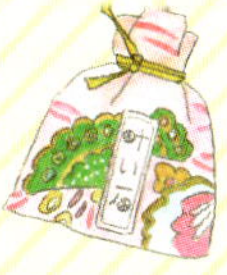

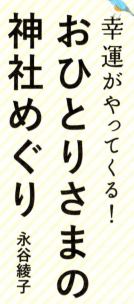

はじめに

子どものころの神社の思い出といえば、初詣。神さまに上手にお願い事が言えるように、一生懸命練習してから行った記憶があります。そんな神社は、私にとって、ちょっぴり緊張する場所でした。

社会人になったある日、帰省したタイミングで幼いころからよく訪れていた神社にひとりで足を運んでみました。初詣のときとは打って変わって静まりかえった境内。参道を歩いていると、鳥の声が聞こえたり、きれいな紫陽花《あじさい》を見つけたり、なんだか心がワクワクしてくるのを感じました。そして拝殿の前で手を合わせ、「子どものころからいつもありがとうございます」と言うと、胸のあたりがじんわり温かくなって、神さまから「おかえり」と言ってもらえたように感じ、思わず涙が出てきました。

お参りを終えるころには不思議と心が穏やかになり、明日からまたがんばろう！とやる気が湧いてきたことを覚えています。幼いころから何度も通ったはずの場所なのに、神社がこんなに楽しいと思えたのは初めてでした。そして、神社は緊張する場所ではなく、〝感謝して神さまと一緒に自分を整える場所〟なのだと感じました。それ以来、時間を見つけては、ひとりで神社めぐりをするようになり、気がつけば3年間で３００社を超える素敵な神社で楽しい体験を重ねてきました。

目に見えないものを感じる感受性が磨かれる最高の場所、それが神社です。境内を歩きながら、五感で感じ、気づき、癒やされ、内側を整えることで、よりよい自分になれる。これはまさに「神社セラピー」といえます。

本書を、楽しい神社めぐりのお供としてご活用いただけたら、とてもうれしいです。

目次

幸運がやってくる！
おひとりさまの神社めぐり

神社が神聖な空気に包まれているのはなぜ？

「鳥居をくぐった瞬間に空気が変わる」という体験をしたり、話を聞いたりしたことはあるでしょうか？　たとえば明治神宮は、東京・原宿という人通りが激しい都会にありながら、鳥居をくぐると空気が一気に澄みわたり、大きな森に抱かれているような安心感をおぼえます。都会であることを完全に忘れて、別空間にワープするかのようです。

鳥居は、「ここからは神さまがいらっしゃる神聖な場所です」ということを表す目印。神社を象徴する建造物ですが、実は神聖な場所に昔から鳥居があったわけではなく、さらには本殿などのお社《やしろ》もありませんでした。

古代から日本人は、自然の中に神さまが宿ると信じてきました。そして、なかでもとくに大きな山や木、滝や岩には神さまの偉大な力が宿っているとして信仰の対象としてきたのです。こうして自然の中に神さまを見出し、手を合わせ、感謝して祈りを捧げる。そこにいつしか鳥居が立ち、本殿が建てられました。これが神社のはじまりです。

たくさんの人々が祈りを捧げた場所は、すばらしい氣があふれ、ほかとは違う特別な場所になっていきます。そこに身を置くと、まず体がその違いを感じます。

神社に流れている神聖な空気（ご神気）をいっぱい体に吸い込んで、身も心も浄化しましょう。神さまが宿る神社の森は、歩くだけでも心がシンと静まり、体の細胞がどんどん元気になっていくのがわかります。

神社を訪れたら、拝殿で参拝するだけでなく、ぜひ境内をお散歩しながらゆっくり過ごしてみてください。きっとお気に入りのスポットが見つかるはずです。そして、参拝後は気づいたことを整理したり、次の神社めぐりの計画を立てたりして楽しむことで、素敵なことを引き寄せる幸運体質になっていきます。

神さまに願いを届ける参拝方法

神社でどんなふうにすれば神さまに願いを届けることができるかは、とても気になるところだと思います。

たとえばよく知られていることとして、「参道の真ん中は神さまが通る道なので、遠慮して端を歩く」とか、「神さまの前では二礼・二拍手・一礼する」というお作法があります。ですが、これだけを頭で覚えようとすると、難しく感じてしまいます。

ある神社の宮司さまから、「神社でのお作法というのは、〝神様へのおもてなし〟から生まれているんですよ」と教えていただきました。

神社という空間は、神さまがお住まいになる場所。尊敬する方のお宅にお邪魔するときと同じだと思えば、自然と鳥居の前では「失礼します、お邪魔します」と言って頭を下げたくなりますし、参道も大きな声でしゃべりながら歩くのではなく静かに歩きたくなります。

本殿でお参りするときも、尊敬するすばらしい方が目の前にいらっしゃると思えば、お賽銭を投げ入れて自分の願い事を言って立ち去るのではなく、まずは姿勢を正して頭を下げたくなりますし、お会いできたことに感謝したくなるものです。

幸運を招く神社めぐりのポイントは、神さまにも気持ちよくなっていただこうと思ってふるまうこと。そうすると、難しいと思っていたお作法も心がこもって自然にできるようになります。

また、神さまに応援してもらいやすいお願い方法は、「いつもありがとうございます。私は〇〇に向けて〇〇します。どうか応援してください。よろしくお願いします」というように、自分を主語にして、目標や夢を宣言すること。宣言したことは、その後も神さまに途中経過を報告したり、相談したり、達成したことをお伝えしたりすると、ますます応援していただけます。

まつられている神さまのこと

神社にまつられている神さま（ご祭神《さいじん》）の名前とキャラクターを知ると、神社めぐりはさらに楽しいものになります。日本には「八百万《やおよろず》の神」といって、数えきれないほどたくさんの神さまがいて、個性豊かな神さまが助け合い、調和することによって豊かな国がつくられています。

たとえば、太陽の神さま。いつもキラキラ輝いて、みんなを幸せにする光を注いでくれます。太陽があるからこそ自然も人も育つ。そばにいるだけで元気になれるみんなの人気者。そんな太陽の神さまの名前は「アマテラスオオミカミ（天照大御神）」。伊勢神宮ほか全国各地におまつりされています。

山の神さまは、どんなときにも動じない安定感のあるキャラクター。みんなのことをやさしく見守ってくれるので、たくさんの人から頼りにされています。名前は「オオヤマツミノカミ（大山祇神）」と「オオヤマクイノカミ（大山咋神）」。日枝神社や富士山本宮浅間大社などにおまつりされています。山の神さまをお参りすると、不安な気持ちが安心感に変わり、自信が湧いてきます。

花の神さまは、美しくみんなに愛される女神さま。人々に安らぎと笑顔を与えます。名前は「コノハナサクヤヒメ（木花咲耶姫）」。北口本宮冨士浅間神社など全国の浅間神社におまつりされています。花の神さまをお参りすると、かわいらしさが引き出され、同性・異性を問わず愛されるようになります。

このほか、歴史上に大きな功績を残した人物を神さまとしておまつりしている神社もあります。

参拝前の基礎知識

一

鳥居～参道

鳥居の向こう側は神さまの世界。鳥居の前で立ち止まり、深呼吸して心を落ち着けてから、「失礼いたします」と一礼してくぐります。帰りも鳥居の前で振り返り、「ありがとうございました」と感謝して一礼します。参道の真ん中は神さまの通り道。神さまを敬う気持ちで、端を歩くようにしましょう。

二

手水舎（てみずしゃ、ちょうずしゃ、ちょうずや）

手水舎の前で軽く一礼。右手で柄杓を取り、水を汲みます。まず左手を清め、次に柄杓を持ち替えて右手を清めます。もう一度柄杓を右手に持ち替え、左の手のひらに水をためてから口を清め、そっと吐き出します（柄杓に直接口をつけないで！）。また左手を清めてから最後に柄杓の柄を立て、残った水を柄に流して洗います。柄杓を元の位置に戻し一礼します。

三

拝殿と本殿

お賽銭を入れてから、鈴があれば鳴らします。軽く一礼してから、二回お辞儀をします。お辞儀の角度は90度。頭を下げるのは「ありがとうございます」を3回唱えるくらいの間がベスト。次に胸の前で手を合わせ二拍手。このとき指先は神さまのほうに向けます。片方の手を少しずらすときれいに音が鳴ります。もう一度お辞儀をします。「二礼・二拍手・一礼」と覚えましょう。

四

ご朱印

参拝が終わったら、社務所や授与所にてご朱印をいただきます。ご朱印帳は開いてから渡しましょう。ご朱印帳を忘れた場合はその旨を伝えると書き置きされたご朱印をいただくことができます。季節ごとや月ごとにご朱印のデザインが異なる神社もあります。

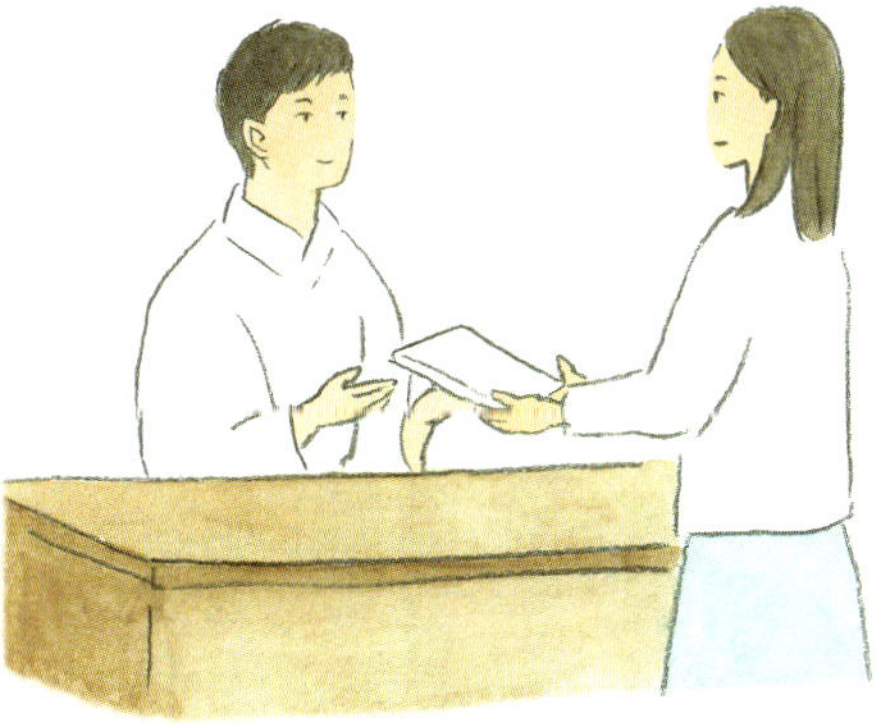

用語解説

鳥居（とりい）
神域と俗界を分けるための結界。ここから先は神さまの領域ですという目印です。「神明《しんめい》鳥居」や「明神《みょうじん》鳥居」などさまざまな種類があります。

拝殿（はいでん）
本殿の神さまを拝むために建てられたもの。ご祈祷を受ける際は、昇殿させていただきます。

本殿（ほんでん）
神さまがいらっしゃる社殿。ご神体と呼ばれる、神さまが宿っているものが安置されています。

祭神（さいしん・さいじん）
神社におまつりされている神さまのこと。複数の神さまがおまつりされている場合、その中でメインにおまつりされている神さまは「主祭神《しゅさいしん》」と呼ばれます。

ご神体（ごしんたい）
神さまの魂が宿るもの。ご神体は、鏡や剣、石、木など神社によってさまざまな形態があります。山全体をご神体とする神社もあります。

ご神木（ごしんぼく）
境内にあり、神さまの魂が宿る木。樹齢５００～２０００年以上の巨木もあります。神社の敷地内から湧き出る水や井戸で汲み上げたご神水《しんすい》とともに神さまのパワーを感じられるもの。

磐座（いわくら）
神さまの魂が宿る岩石。祭祀のときに神さまをお迎えするために用いられるほか、磐座そのものが信仰の対象となっている神社もあります。

ご朱印（ごしゅいん）
神社や寺院において、ご神職の方やご住職が参拝者向けに、ご朱印帳に参拝した年月日、寺社名を墨書きし、朱印を押しています。寺社によってデザインに個性があり、参拝の記録として集める人が増えています。ご朱印の起源は、寺社へ写経を納めた（納経）際の受付印であったとされています。

狛犬（こまいぬ）
参道の両脇に一対で置かれた獅子や犬に似た想像上の生き物。邪気を祓い、神域を守る意味があります。神社によっては、狛犬ではなく、狐や龍や牛の場合もあり、これらはおまつりされている神さまのお遣いとしての役割を担っています。

奥宮（おくみや）
神さまが降臨された場所が、山頂や山奥などにある場合は、参拝しやすい山裾に本殿や拝殿をつくり、そこから遥拝《ようはい》することがあります。この場合、山裾の本殿に対して、山頂や山奥の社殿を奥宮と呼びます。

摂社（せっしゃ）・末社（まっしゃ）
大きな神社の場合は、本殿にメインの神さまがおまつりされており、小さな社殿にそのほかのさまざまな神さまがおまつりされています。本殿以外の小規模な社殿を摂社《せっしゃ》・末社《まっしゃ》と呼びます。

一章

一之宮の歩き方

「一之宮《いちのみや》」とは、その地域に鎮座する神社の代表であり、最も由緒のある神社のこと。その地域において仕事を成功させたい、引っ越ししたい、ご縁を結びたいというときにお参りに行くと、幸運に恵まれます。

一之宮は、とくかく見どころがいっぱい！　あらかじめ時間に余裕をもってゆっくり参拝するのがおすすめです。また、境内はパワーにあふれているので、自分の中で何かひとつテーマを決めてからお参りすると、神さまに背中をグン！と押してもらえて成長できます。

たとえば、出雲国《いずものくに》の一之宮・出雲《いづも》大社《おおやしろ》といえば、〝縁結び〟がテーマ。恋愛や結婚をはじめ、仕事や趣味のご縁をつなげてくれる神さまがおまつりされています。もしパートナーとめぐり会いたいと願うなら、自分にとっての「幸せな恋愛」をイメージしながらお参りします。どんな気持ちを味わえたらうれしいのか、どんなふうに愛情を育んでいきたいかをイメージすると、ワクワクしてくるはず。そんなワクワク感をもって参拝すると、願いが叶うスピードは速くなります。

また、常陸国《ひたちのくに》の一之宮・鹿《か》島《しま》神宮《じんぐう》であれば、〝仕事〟がテーマ。仕事運や勝負運をもたらしてくれる男らしい神さまがおまつりされています。もし今の自分になかなか自信が持てないのなら、「私は自信を持って活躍します！」と心に誓ってから境内を歩きましょう。境内にある数々のパワースポットをめぐるうちに、少しずつ勇気と自信が湧いてきます。参拝を終えるころには、前を向いて笑顔になっている自分に出会えるでしょう。

豊前国《ぶぜんのくに》の一之宮・宇《う》佐《さ》神宮《じんぐう》のテーマは、〝仕事とプライベートのバランスをとること〟。浄化を促してくれる美しい女神さまと仕事運を上げる神さまがおまつりされています。「仕事とプライベートのバランスをとりたい」と願う人は多いですが、そのバランス感覚は人によって異なるもの。自分らしいバランス感覚を見つけたいと願いながら参拝することが大切です。

見どころいっぱいの一之宮。イラストマップも参考にしながら、神さまのパワーをたっぷり受け取ってくださいね。

島根

出雲《いづも》大社《おおやしろ》

DATA 出雲市駅からバスで約25分
島根県出雲市大社町杵築東195
☎0853-53-3100

穏やかなエネルギーが流れる縁結びの地

出雲大社といえば、誰もが知る縁結びの聖地。毎年神在《かみあり》月《づき》（旧暦の10月）に全国から神さまが集まり、人々に幸せと成長をもたらす縁結びの会議「神議《かみはか》り」が行われます。そのため、全国からいらっしゃる八百万《やおよろず》の神さまがお泊りになるお宿があるのも出雲大社ならではの見どころ。

ご朱印

ご祭神であるオオクニヌシノオオカミ（大国主大神）が白うさぎを助けた「因幡《いなば》の白うさぎ」の神話にちなみ、境内にはかわいらしいうさぎ像がいっぱい。オオクニヌシノオオカミの大きな器に抱かれて心も体もゆるみ、かわいいうさぎと一緒に過ごしていると、過去の恋愛からすっかり卒業し、新しい出会いを受け入れる準備が整って自然と笑顔になります。恋愛のみならず、うれしいご縁が結ばれる出雲の気を目一杯感じて幸せな旅をしましょう。

産道を通って生まれ直す

神社の参道は、赤ちゃんが出てくる産道にたとえられることがありますが、出雲大社の参道を歩いていると、まさにそんな感覚をおぼえます。本殿はお母さんのお腹の中で赤ちゃんが安らかに眠るようなリラックス感があり、帰り道はふたたび産道を通って外の世界に生まれ出る。お参りすることで、新しい自分に生まれ変われるのです。

鳥居から本殿までは、ゆるやかな下り坂
まるでお腹に還っていくような感覚に

参道の右側には芝生が広がり、その先の美しい山並みに心が洗われるよう。出雲大社にある山といえば、本殿の裏にある「八雲山《やくもやま》」が有名ですが、右手に広がる「弥山《みせん》」は美しい女神に出会ったような感動がある美しい景色です。

芝生を歩きながら
のんびりと出雲を感じて

うさぎと一緒に参拝しよう

境内には現在なんと46体ものうさぎ像があります。すべて表情も格好も違います。本殿裏はぜひお参りしたい清らかなパワースポット。白うさぎと並んで手を合わせ、幸せなご縁を祈ります。

ハートの首飾りをした白うさぎ

オオクニヌシノオオカミのように肩から袋を下げている白うさぎ（ちなみにオオクニヌシノオオカミの袋には人間を幸せにする7つの宝が入っているそう）

おすすめ参拝ルート

❶「勢溜《せいだまり》の鳥居」（木造の大鳥居）からスタート。

↓

❷ 参道の右手に「祓社《はらえのやしろ》」があるので、身を清めます。けがれを祓ってくださる神さまがまつられています。出雲大社の参拝方法は「二礼・四拍手・一礼」です。

↓

❸ 参道の右側を通り、弥山《みせん》を眺めて深呼吸。

↓

❹「杵那築森《きなつきのもり》」でお社《やしろ》を造られた神さまに感謝。杵をつくかわいい白うさぎにも会えます。

↓

❺ 拝殿《はいでん》と本殿《ほんでん》を参拝（拝殿の近くでご朱印をいただけます）。

↓

❻ 本殿を取り囲むようにある摂社・末社を反時計回りに参拝します。神在月《かみありづき》*1 に八百万《やおよろず》の神が宿泊される宿もあります。まずは本殿裏から。「素鵞社《そがのやしろ》」の裏にまわって八雲山に触れ、エネルギーをチャージ。

神在月だけに使われる
八百万の神の宿

↓

❼ 本殿の内部では、神さまが西向きに鎮座しているため、西側から遥拝できるようになっています。案内板がありますので確認してお参りしましょう。

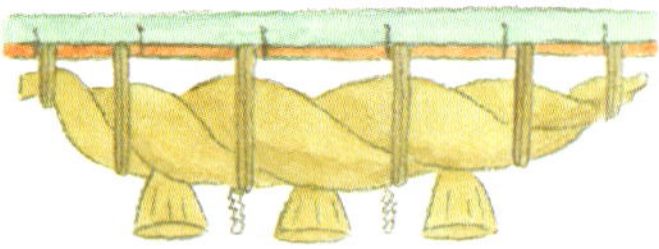

大しめ縄
長さ約13メートル、重さ約4.5トン！

↓

❽「神楽殿《かぐらでん》」正面の大しめ縄は圧巻です。

↓

❾ 神楽殿の後方にある鎮守社を参拝。とても静かな場所です。

↓

❿ 本殿の東隣りにある「北島国造館《きたじまこくそうかん》」へ。「亀の尾の滝」を眺めながら庭園のベンチでゆっくり深呼吸。

↓

⓫ 徒歩５分の「命主社《いのちぬしのやしろ》」には樹齢1000年といわれるムクの大樹があります。

いまにも動き出しそうな
すごい迫力

↓

*1　旧暦の10月。全国の神さまたちが出雲の国に集まる月。ほかの土地では神さまが留守になるので「神無月《かんなづき》」といいますが、出雲では「神在月《かみありづき》」と呼びます。

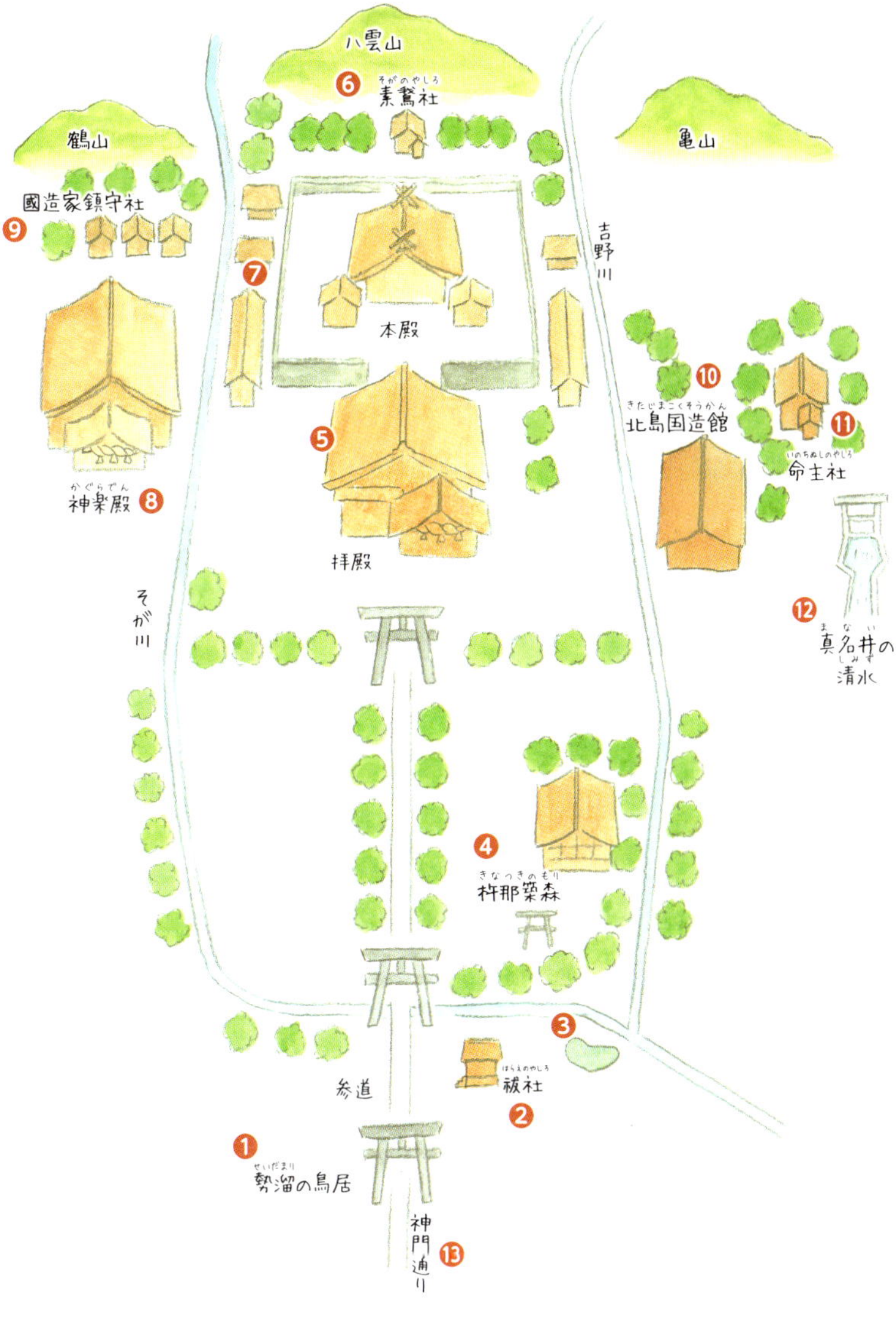

⑫ 徒歩３分の「真名井《まない》の清水《しみず》」は、手がすべすべになる霊水が湧き出る場所。出雲大社の神事でも使用されています。

↓

⑬「勢溜《せいだまり》の鳥居」方面に戻り、神門通りで出雲そばやおぜんざいをいただき休憩しましょう。

神さまが宿る
八雲山《やくもやま》に触れる

本殿の裏には、スサノオノミコトをまつる「素鵞社《そがのやしろ》」があります。社殿の裏にまわると神の力をたたえた八雲山に触れることができます。オオクニヌシノオオカミの穏やかさと違い、勢いのある情熱を感じます。後ろからしっかりとオオクニヌシノオオカミを支えるスサノオノミコトです。

八雲山の岩に触れて
エネルギーをいただきましょう

オオクニヌシノオオカミ
国造りの神さま。土地に住むさまざまな神々と話し合い、知恵を出し合い、喜びや悲しみを分かち合いながら国土を開拓した。人の気持ちがわかるやさしい神さま。豊かな国を作ったあとは、アマテラスオオミカミに国を譲った

スサノオノミコト
ヤマタノオロチ退治で知られる力強く勇ましい神さま。オオクニヌシノオオカミの妻の父にあたる。姉はアマテラスオオミカミ（天照大御神）

夫婦
親子

スセリヒメ（須勢理毘売）
スサノオノミコトは、娘であるスセリヒメとの結婚の条件として、オオクニヌシノオオカミに試練を与えるが、二人は助け合ってこれを克服し、夫婦となった

橋を渡ったところに浮かぶ天神社
後ろを流れる「亀の尾の滝」も美しい！

北島国造館《きたじまこくそうかん》でのんびり

出雲大社の東側に「北島国造館」があります。とても心地よく過ごせて大好きな場所です。庭園の西側にある「天神社《てんしんしゃ》」にまつられているのは、オオクニヌシノオオカミと一緒に国造りを行ったスクナヒコナノカミ（少名毘古那神）。とても若々しくて元気なエネルギーが伝わってきます。

ここは亀山のエネルギーがあふれる穏やかなパワースポット。出雲という土地自体があたたかく癒やされる場所なので、「一生懸命に気合いを入れてお祈りしよう！」などと考えず、境内の中でお散歩するようにのんびりするのが、神さまのパワーを受け取るポイントです。

スクナヒコナノカミ像も
亀に乗っています

ほっとひと息

くつろぎ和かふぇ
甘右衛門（あまえもん）

営業時間：10:00 〜 18:00
☎ 0853-25-8120

勢溜の大鳥居のすぐそばにある甘味処。オオクニヌシノオオカミが入っているぜんざいは出雲ならでは。とてもおいしいです。ほかに名物の出雲そばなども。

うれしいご縁をいただける「縁結大祭」

毎年行われる「縁結大祭」は、全国から大勢の参列者が訪れる一大イベント。厳粛な雰囲気の中で祝詞《のりと》や玉串拝礼《たまぐしはいれい》、巫女神楽《みこかぐら》などが行われます。定員は各日200名。当日受付もありますが、確実に参列したい場合は事前にはがきで申し込むのがおすすめ。

参列者がいただける
「みほぎいと」

茨城

鹿《か》島《しま》神《じん》宮《ぐう》

DATA 鹿島神宮駅から徒歩約10分、東京駅から高速バス約2時間
茨城県鹿嶋市宮中2306-1
☎ 0299-82-1209

自信を取り戻し、仕事運を上げる

「迷いを晴らし、自信を取り戻したい」という人にぜひおすすめしたいのが、茨城県に鎮座する鹿島神宮。日本三大楼門《ろうもん》のひとつである立派な楼門をくぐると、一気に空気が変わり、神さまの懐に抱かれているような深い安心感に包まれます。

ご朱印

東京ドーム15個分の敷地には豊かな自然が広がり、最高の神社セラピーが体験できるのも魅力。ご祭神は、タケミカヅチノオオカミ（武甕槌大神）。アマテラスオオミカミ（天照大御神）から、オオクニヌシノミコト（大国主命）に対する国譲りの交渉を任された際、対話によって解決に導いたことから、「平和的解決の神さま」といわれています。自分の歩むべき道がわからなくなったとき、鹿島神宮の森を歩けば、ゆっくりと本来の自分に戻り、しっかりした足取りで前に進むことができるのです。

二郎杉

巨木に宿る神さまに癒やされる

鹿島神宮は、ご神木ファンにはたまらない聖地。樹々が、知恵を出し合いながら寄り添いながら、境内の空気を浄化して穏やかな場所にしてくれているように感じます。楼門をくぐってすぐ右手にあるご神木は、境内で2番目に大きな「二郎杉」。まるで「ようこそ！」とおおらかに歓迎してくれているよう。

本殿裏のご神木
樹齢1300年、
高さ40メートル
とても温かいパワーを
放っています

穏やかさと激しさを調和する「要石《かなめいし》」

鹿島神宮で最もパワーのあるスポットが「要石《かなめいし》」。石の前で深呼吸すると、地球の中心とつながるようなドッシリとした安定感をおぼえ、自分の中にある勇猛果敢な面と穏やかでやさしい面がひとつになって、深いところから自信がみなぎってきます。直径20センチほどに見えますが、実は地中深くまで埋まっている巨石だといわれています。

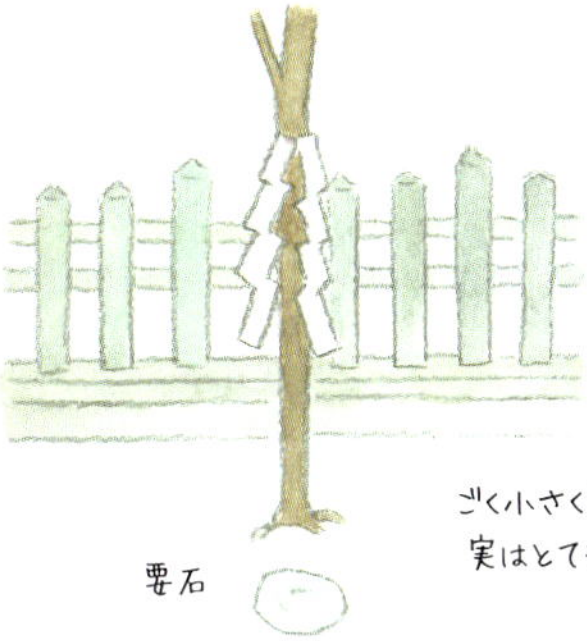
ごく小さく見えますが、
実はとても大きな石！
要石

おすすめ参拝ルート

❶「大鳥居」からスタート。参道を通って楼門をくぐります。緑に映える立派な朱色の楼門が冒険のはじまりを告げるようでワクワク！

↓

❷ 右手の「次郎杉」にごあいさつ。高房社とそのまわりに立つ「三本杉」（寄り添い合う３本の木）を参拝。

↓

❸ 拝殿・本殿へ。正面からと、左側にまわり、ご神木と本殿が見える場所からも参拝します。頭の先から足の先までジンジンするほど温かいタケミカヅチノオオカミの男らしいやさしさに包まれて。

↓

❹ 奥参道へ進みます。癒やされるご神木のトンネルで自分の好みの木を探してみましょう。左手の「鹿園」ではかわいらしい鹿に出会えます。右手にある「熱田社」を参拝。

↓

❺ 奥宮を参拝。タケミカヅチノオオカミの荒魂に触れて勝負運アップ。社殿後ろのご神木からもパワーをいただけます。

↓

❻ 奥宮からさらに森の奥に進み、「要石」へ。深呼吸して心の軸を整えましょう。

↓

❼（奥宮まで戻ってから、売店すぐそばの坂を下り）「御手洗池」へ。ここはタケミカヅチノオオカミの男らしさから一転、おだやかで女性らしいエネルギーを感じる癒やしの池。鳥居の奥にご神水があります。

↓

❽ 御手洗池そばの茶屋でお団子などをいただき休憩。

↓

❾ 帰りは、本殿向かいにある社務所でご朱印をいただきます（本殿と奥宮の２種類いただけます）。その後、奥にある摂末社（祖霊社、御厨社）参拝。

↓

❿ 楼門を出て、摂末社（右手の須賀社、熊野社、祝詞社、津東西社、坂戸社・沼尾社遥拝所、左手の稲荷社）を参拝。

御手洗池

1日に40万リットル以上の湧水があり、
水底が一面見渡せるほど
澄みわたった池です

要石の近くでは、こんな美しい
光の写真が撮れることも

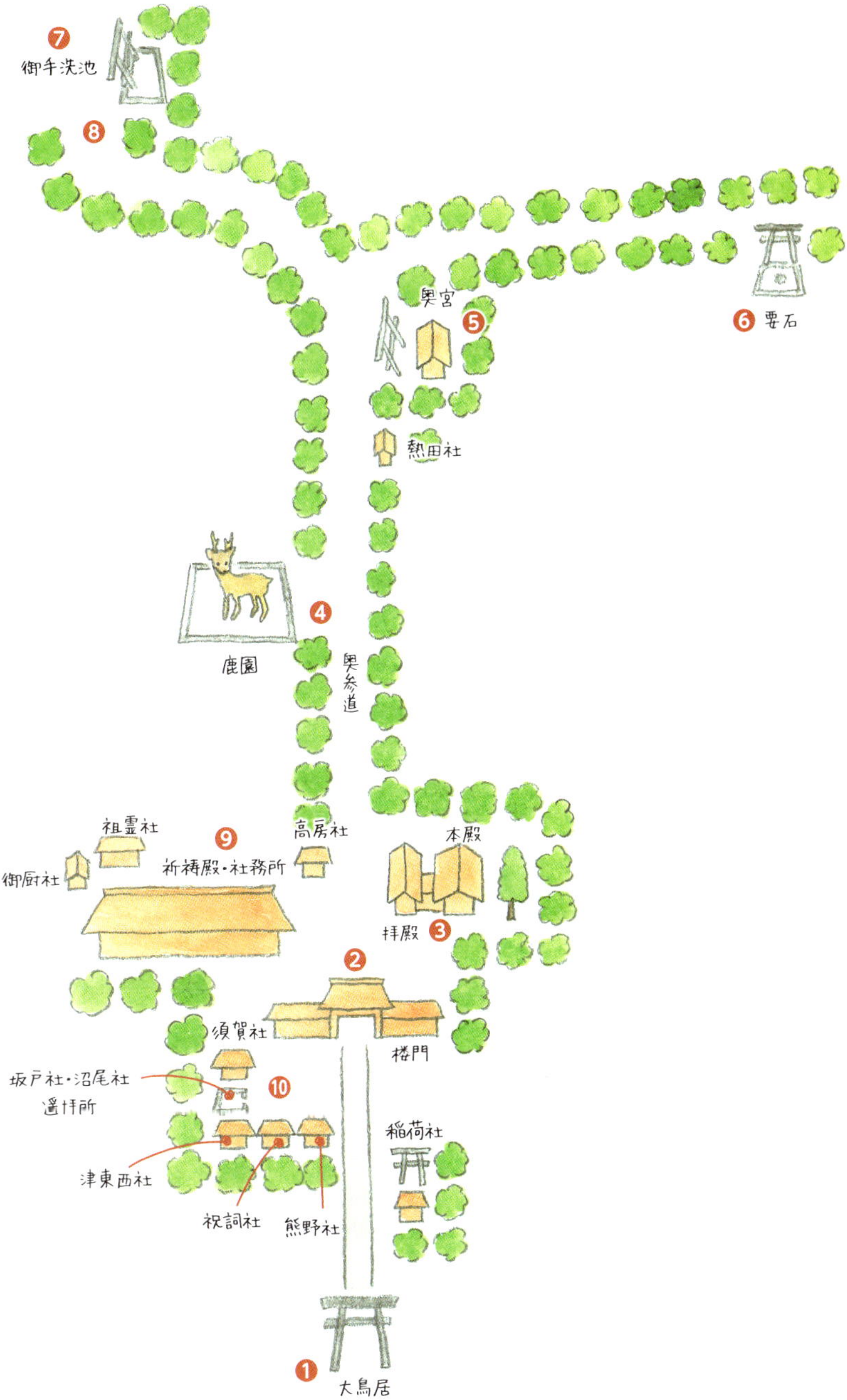
7
御手洗池
8
奥宮
5
6
要石
熱田社
4
鹿園
奥参道
祖霊社
9
祈祷殿・社務所
高房社
本殿
御厨社
拝殿
3
2
須賀社
楼門
坂戸社・沼尾社
遥拝所
10
稲荷社
津東西社
祝詞社
熊野社
1
大鳥居

奥宮《おくみや》を目指して森の中へ

奥宮に行くには300メートルに及ぶ奥参道を歩きます。巨木に覆われた緑のトンネルは、日差しが絶妙な具合に差し込んで、樹木が輝き動いているように見えることも。心地よい鳥のさえずりを聞きながら歩いていると、ストレスが一気に吹き飛びます。

深い緑の中では人間なんて
ちっぽけな存在!

途中の鹿園では、かわいい神鹿《しんろく》に出会えます。その昔、鹿島神宮から奈良の春日大社にご祭神を移す際に鹿が運び手になったそう。

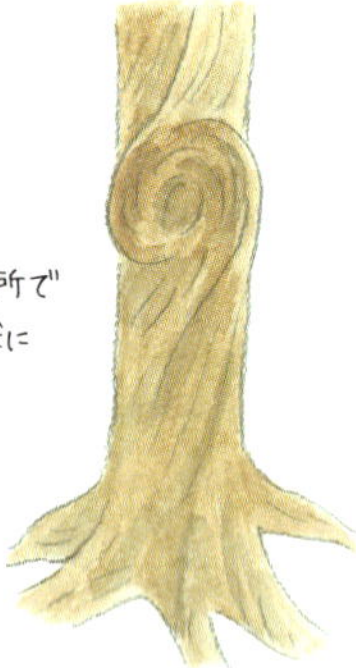

エネルギーが渦巻く場所で
見られるスパイラル状に
ねじれたご神木も

勝負運を上げる「奥宮」

奥参道の先にあるのは「奥宮」。強いエネルギーがビリビリ伝わってきます。混とんとした世界から何かを生み出すような激しさがあり、「新しい事業をスタートさせる」「新しい商品やサービスを生み出す」ご利益があるほか、圧倒的な技術力・行動力・決断力を受け取れます。

鹿島神宮の社殿の
中で最も古い建物

ゆるがない自信を持つ人になるために

鹿島神宮のご祭神「タケミカヅチノオオカミ」は、非常に男らしくカッコいい神さま。雷のような鋭さとスピード感、最後までやり遂げる意志の強さと行動力、ぶれない自信を持っています。

とても勇ましい
パワーあふれる
神さま

タケミカヅチノオオカミ
地震をおさえているともいわれていて、祈祷殿では地震を起こすシンボルである「なまず」を踏みつけている姿絵を見ることができます

鹿島立守
(かしまだちまもり)
迷ったときは
このお守りを
握りしめて荒波を
乗り切ろう

仕事で成功するためには、強い意志をもってチャレンジすることも必要ですし、お客さまや仕事仲間と温かな人間関係を築くことも必要です。つまり、強さとやさしさ、激しさと穏やかさの両方が大事。それを後押ししてくれるのがタケミカヅチノオオカミなのです。

ほっとひと息

一休《ひとやすみ》

営業時間：9:30 ～日没まで
☎ 0299–82–4393

鹿島神宮境内、御手洗池のそばにあるお茶屋さん。二色団子が人気。夏には地元の完熟いちごを使ったカキ氷も。

神さまのお遣い
「神鹿(しんろく)」に
ちなんだ絵馬と
おみくじがかわいい!
鹿のお腹におみくじが
入っています

奈良

大神神社《おおみわじんじゃ》

DATA 三輪駅から徒歩5分
奈良県桜井市三輪1422
☎0744-42-6633

「大神」と書いて「おおみわ」と読む大神《おおみわ》神社。三輪山そのものをご神体としているため、本殿がなく、拝殿の奥にある鳥居の前で三輪山に鎮まる神さまを拝みます。このように本殿を建てずに神さまを拝む古来の形式が採られていることから、日本最古の神社のひとつといわれています。

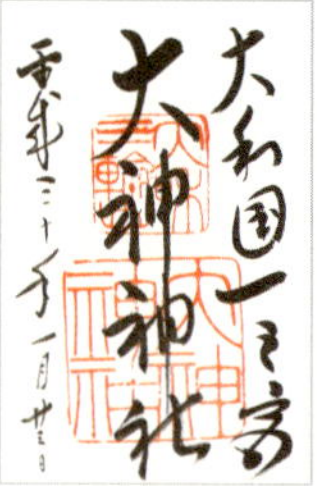

ご朱印

山の神さまに抱かれて癒やされる

ご祭神は、オオモノヌシノオオカミ（大物主大神）。オオクニヌシノカミ（大国主神）が国造りに苦慮していた際、オオモノヌシノオオカミが現れて「私はあなたの和魂《にぎみたま》＊1です」と伝え、国造りが成功したといわれています。大神神社の魅力は、参道、磐座《いわくら》、ご神木など境内のあらゆる場所で「上品な美しさ」が感じられるところ。豊かな自然の中で癒やされるお参りを終えるころには、ひと回り成長した自分に出会えるはずです。

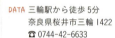

樹々の間から降り注ぐ
光が気持ちいい!

蒼い森から穏やかなパワーをいただく

「二の鳥居」の前に立つと、奥に広がる森の蒼さに感動します。参道はゆるやかな坂とカーブがあり、心の深いところに響きわたるようなワクワク感をおぼえます。

夫婦岩
手を合わせて縁結びの
パワーをいただきましょう

参道の途中には、縁結びのご利益がある夫婦岩《めおといわ》があります。この岩は、オオモノヌシノオオカミと、人間のお姫さま・イクタマヨリヒメとの恋物語にちなんでいるそう。

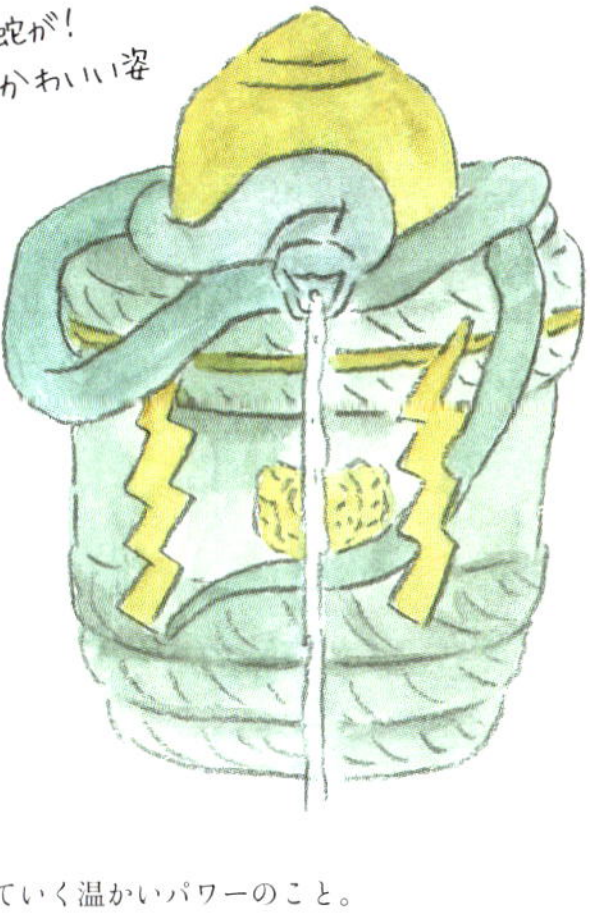
手水舎にも蛇が!
愛嬌のあるかわいい姿

手水舎で蛇と出会う

この地域では、蛇は神のお遣いであるとされ、「巳《み》さん」と親しみをこめて呼ばれています。蛇には、子孫繁栄・金運アップのご利益があります。また、オオモノヌシノオオカミが蛇の姿になって現れたとも言い伝えられています。

＊1　和魂（にぎみたま）……みんなで心と力を合わせて幸せを築いていく温かいパワーのこと。

おすすめ参拝ルート

1. 「二の鳥居」からスタート。参道の蒼い森の中をゆっくり歩きます。

↓

2. 参道の左手にある「祓戸《はらえど》神社」で心身を清めましょう。

↓

3. 縁結び・夫婦円満のご利益がある「夫婦岩《めおといわ》」に手を合わせてパワーをいただきます。

↓

4. 手水舎で手を清め、奥にある「しるしの杉」にごあいさつ。

↓

5. 階段を上がる手前で「衣掛《ころもがけ》の杉」にごあいさつ。

↓

6. 拝殿（三ツ鳥居）でオオモノヌシノオオカミ参拝。二礼・二拍手・一礼の際に「幸《さき》魂《みたま》奇《くし》魂《みたま》守《まもり》給《たまえ》幸《さきはえ》給《たまえ》」と３度唱えましょう（P34の四魂の説明参照）。

↓

7. ご神木「巳《み》の神杉」参拝。ご神木の正面にはベンチがあるので、ここでのんびりと三輪山とご神木のパワーを感じるのがおすすめ。

↓

8. 拝殿東側の「神宝《かんだから》神社」参拝。

↓

9. 参集殿で「なでうさぎ」をなでます。祈りを込めてなでることで、体の痛いところを癒やしてくれます。

↓

10. 参集殿でご朱印をいただきます。

↓

11. くすり道を歩き、「磐座《いわくら》神社」へ。医療の神さまであるスクナヒコナノカミ（少彦名神）がまつられています。「健やかな体と心で過ごせますように」と祈りましょう。

↓

12. 「市杵島姫《いちきしまひめ》神社」には、肌や髪に美しさをもたらす女神がまつられています。心の健やかさを育ててくれるご利益もあります。

↓

13. 「狭井《さい》神社」参拝。薬井戸《くすりいど》でご神水をいただきましょう。薬井戸の手前にある水琴窟《すいきんくつ》で美しい音色を聞いて。

↓

14. 静かな山道を歩いて10分ほどの「貴船《きふね》神社」へ。体の中を美しい滝が流れるようなクリアな感覚に。カフェ「花もり」で休憩も。

↓

15. 15分ほど歩いて「檜原《ひばら》神社」へ。ご祭神であるアマテラスオオミカミから自信と勇気をいただきます。

↓

16. 山の辺の道を戻り、「神御前《かみのごぜん》神社」へ。オオモノヌシノオオカミの妻である女神がまつられています。境内からは三輪山が美しく望めます。

＊このほか、「久延彦《くえひこ》神社」（知恵の神さま）もおすすめです（狭井神社から徒歩約10分）。

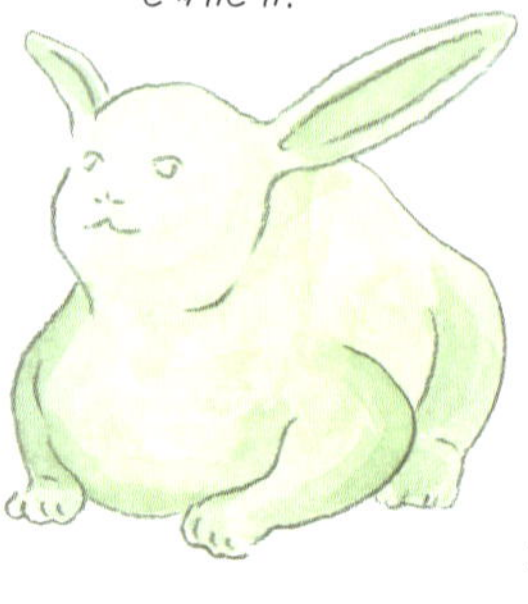

たくさんの人々を
癒やしてきたなでうさぎ
ピッカピカ！

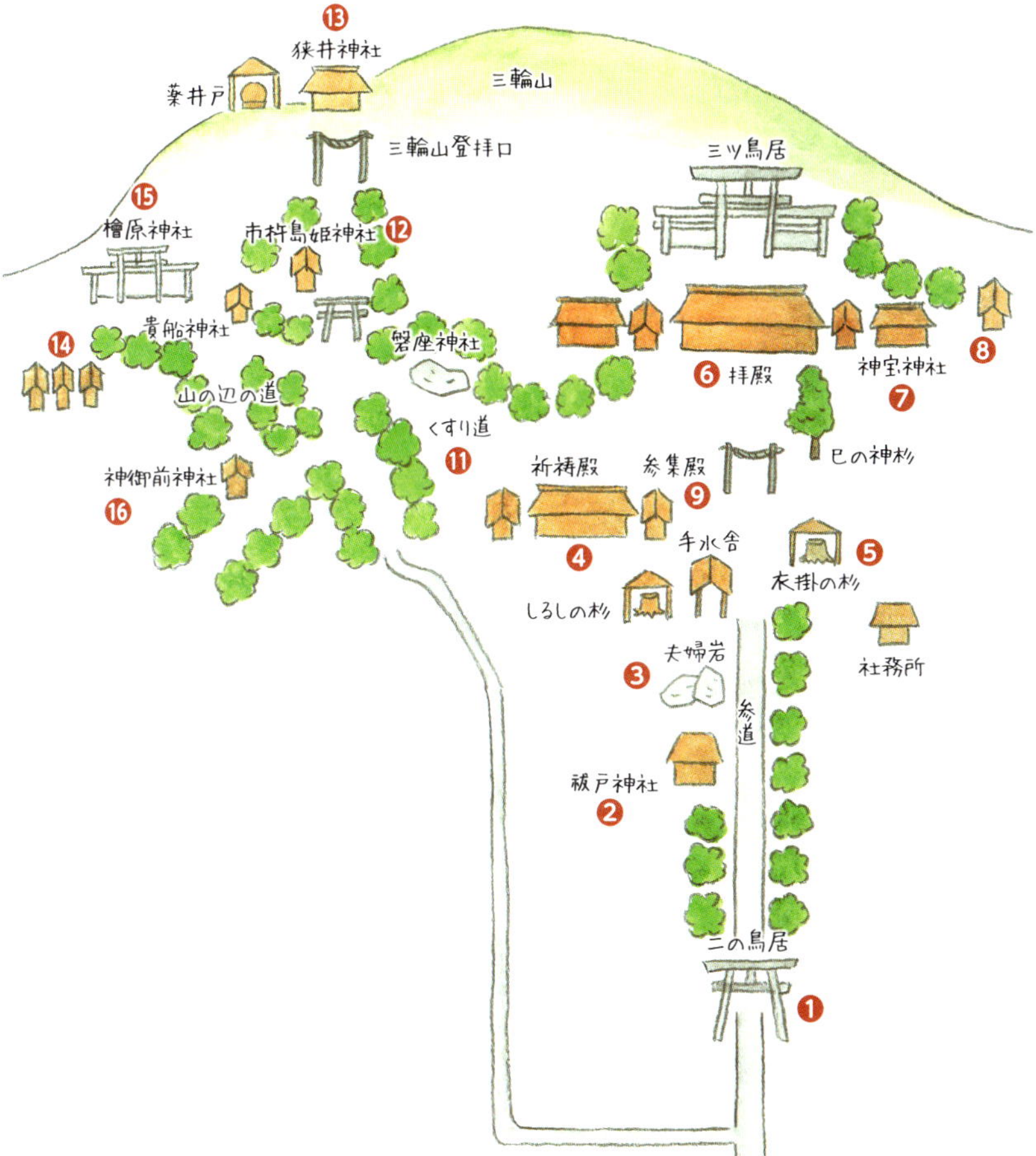
13
狭井神社
薬井戸
三輪山
三輪山登拝口
三ツ鳥居
15
檜原神社
市杵島姫神社
12
貴船神社
14
磐座神社
6
拝殿
神宝神社
7
8
山の辺の道
くすり道
11
巳の神杉
祈祷殿
参集殿
9
神御前神社
16
4
手水舎
5
衣掛の杉
しるしの杉
社務所
夫婦岩
3
参道
祓戸神社
2
二の鳥居
1

拝殿

拝殿で三輪山を拝む

本殿はなく、拝殿とその奥には「三ツ鳥居」があり、さらにその奥にあるご神体の三輪山を拝みます。鳥居が3つ連なった「三ツ鳥居」はとても珍しいもの。参集殿で申し込みをすれば三ツ鳥居を拝観することができます。

神さまの魂は4つの側面からなるといわれています。これを「一霊四魂《いちれいしこん》」といいます。四魂というのは、和魂《にぎみたま》・荒《あら》魂《みたま》・幸魂《さきみたま》・奇魂《くしみたま》から成り、それらを直霊《なおひ》が司っているという考え方です。

三ツ鳥居

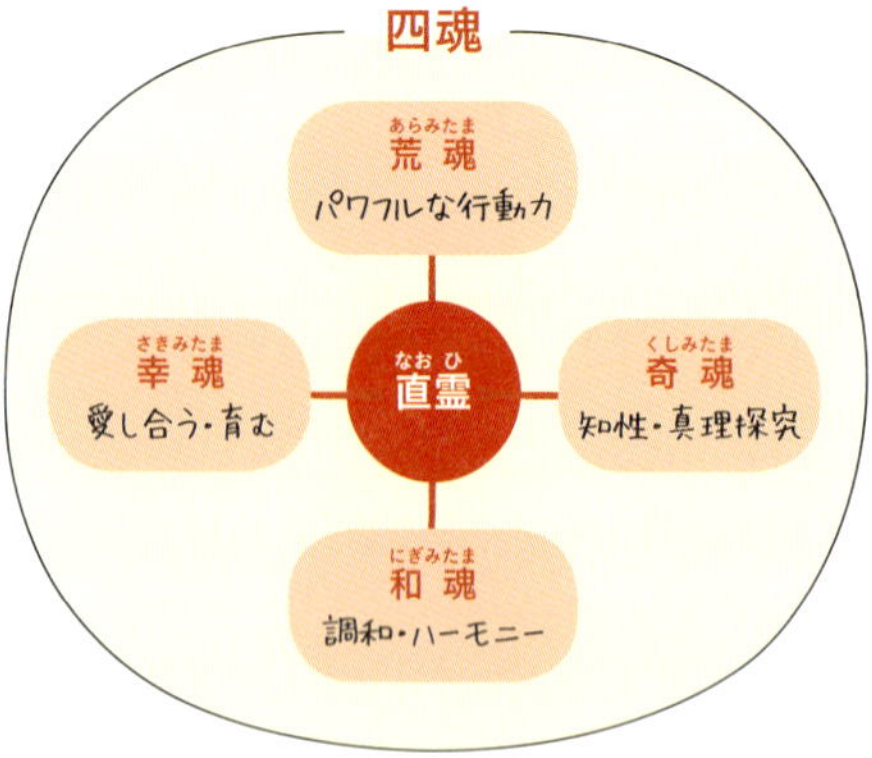

巳の神杉

白蛇が宿るご神木

ご神木「巳《み》の神杉」は、オオモノヌシノオオカミの化身の白蛇が棲むことから名付けられたそう。

狭井神社
オオモノヌシノオオカミの
荒魂がまつられています

狭井《さい》神社で ご神水をいただく

狭井《さい》神社の「狭井」は、「神聖な井戸・泉・水源」という意味。ここから湧き出るご神水は「くすり水」として信仰を集めてきました。ほとばしるような鋭い光を感じるパワースポットです。

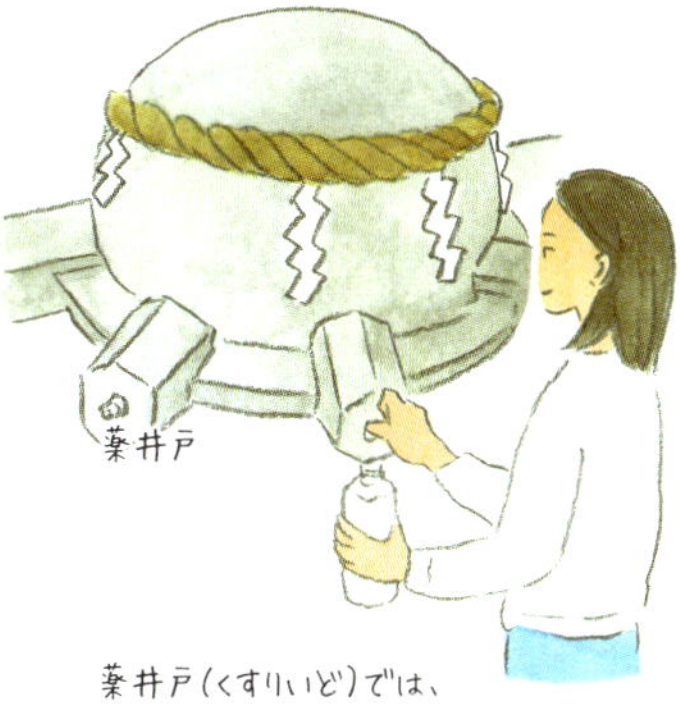

薬井戸(くすりいど)では、
万病に効くといわれるご神水を
いただけます

三輪山を登拝《とはい》しよう

明治時代までは禁足地だったご神体の三輪山に、今は登ることができます。ご神体に登るというのは、体全体で神さまを感じ、自分と向き合う貴重な体験。自然の中で生かされていることを肌で感じながら、頂上の奥津磐座《おきついわくら》を目指して。

狭井神社の社務所で受付をし、
たすきを掛け、杖を借りて登ります
往復で2時間半～3時間程度

ほっとひと息

山辺の道 花もり

営業時間：10:00 ～ 17:30
☎ 0744-46-4260

貴船神社の向かいにひっそりとあるカフェ。季節の料理とスイーツがどれもおいしく、とくにひきたてのきな粉と黒蜜をかけていただくわらび餅は絶品。三輪の名産であるそうめんやお野菜も。

大分

宇《う》佐《さ》神《じん》宮《ぐう》

DATA 宇佐駅からバス・タクシーで約10分
大分県宇佐市大字南宇佐 2859
☎ 0978-37-0001

圧倒的な浄化のパワーをたたえた聖地

宇佐神宮は、全国に4万以上ある八幡社の総本宮。国宝に指定されている美しい朱色の本殿は、広大な敷地の中でまるで太陽のように力強く輝き、境内にいる間中ずっと神さまの偉大な懐に抱かれて安らぎを感じます。

八幡社といえば、勝負運や出世運を上げるご利益がある

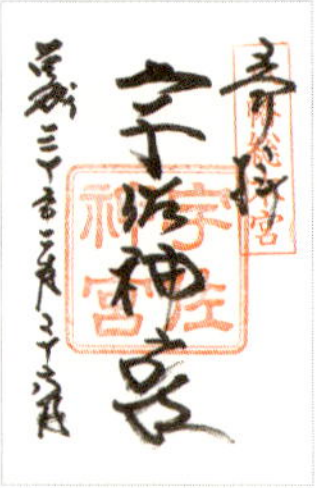

ご朱印

男らしい神さまのイメージがありますが、宇佐神宮は凛とした美しい女神のパワーを強く感じます。これは、応神天皇と神功皇后がおまつりされる以前から、この土地を守ってきた宗像三女神《むなかたさんじょしん》（タギツヒメノミコト、イチキシマヒメノミコト、タギリヒメノミコトの女神三姉妹）のパワーによるものでしょう。境内にあふれる大らかで美しい女神のエネルギーに癒やされて、参拝を終えるころには芯のしっかりした美しい人に生まれ変わっているのです。

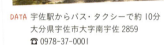

頭の上から足の先まで まるごと浄化する

まず驚くのが手水舎。円盤から湧き出る水の流れが美しく、手水舎一帯を美しい龍が守り、けがれを祓ってくれているよう。

祓所《はらいじょ》は、祭典のお祓いの儀を行う場所。ここで深呼吸すると、全身から不要なものがこそげ落とされるようなパワーを感じます。

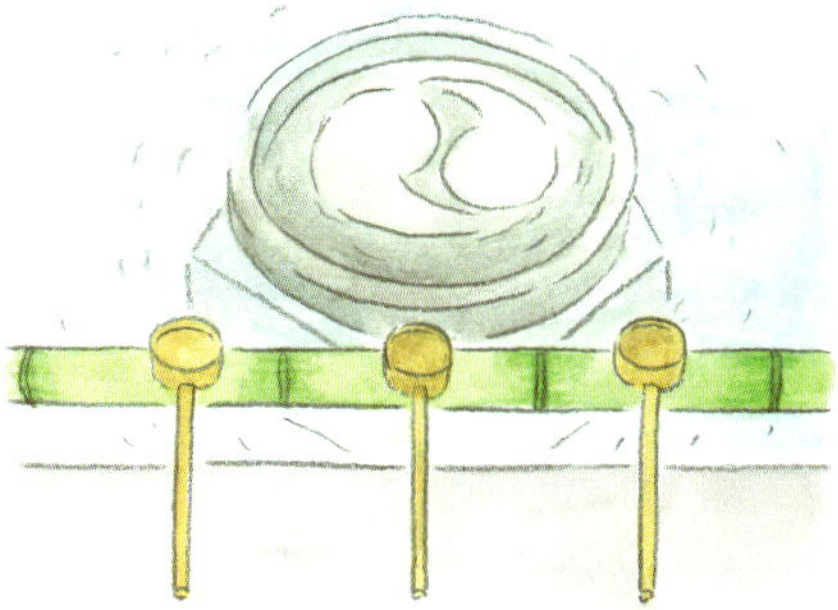
円盤の中心から
水が湧き出ています

祓所（はらいじょ）
橋の手前で手を合わせて深呼吸
肩の荷がスーッと降りるのを感じて

手水舎と祓所でしっかり浄化した後は、上宮・下宮へ向かう階段下に広がる森に立ち寄りましょう。森の神聖なエネルギーを五感でじっくり味わうのがおすすめ。とくに早朝は、神さまが集まって会議をしているかのような神々しい空間です。

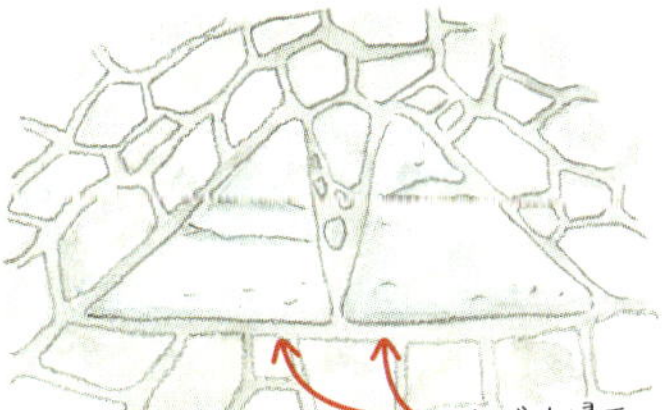
これが夫婦石

上宮への階段の途中にある「夫婦石」は縁結びの石。寄り添う山の形の両方の石に片足ずつ置いてお祈りします。

こんな美しい場所で
1日のスタートがきれると最高！
光の写真も、いつもよりも
濃く光が写ります

おすすめ参拝ルート

❶ 大鳥居手前の「黒男《くろお》神社」へ（宇佐神宮をしっかり守ってくださる神さまにごあいさつ）。

↓

❷「大鳥居」をくぐり表参道を進みます。左手の菱形池の美しさにうっとり！

↓

❸「手水舎」でお清めをします。

↓

❹「春宮《とうぐう》神社」を参拝。

↓

❺「祓所《はらいじょ》」で深呼吸して全身を清めましょう。

↓

❻ 上宮《じょうぐう》への階段を上ります。石段の途中にある「夫婦石」と楠のご神木に良縁祈願。

↓

❼ 上宮《じょうぐう》に参拝します。宇佐神宮の参拝方法は「二礼・四拍手・一礼」です。遥拝所にて奥宮である「大元神社《おおもとじんじゃ》」にも参拝。

↓

❽ 山の神さま「オオヤマヅミノミコト」をまつる「亀山神社」へ。亀の石からパワーをいただきます。

↓

❾「若宮《わかみや》神社」に参拝。

↓

❿「下宮《げぐう》」に参拝。

↓

⓫「八坂神社」に参拝。

↓

⓬ 御霊水の場所へ。御霊水に向かう途中にある龍神のような姿をしたご神木にごあいさつ。

↓

⓭「水分《みくまり》神社」を参拝（御霊水の向かいにあります）。

↓

⓮ ご朱印所にてご朱印をいただきます（ご朱印を待っている間に、向かい側にある「絵馬堂」から菱形池を見ると美しい！）。

↓

⓯ 帰りは西参道を通って。「呉橋《くれはし》」（勅使が渡る橋で10年に一度一般の人も渡れます）を見ながら。

↓

⓰「神宮寺・弥勒寺跡」の近くにある願掛け地蔵で一生に一度のお願いをしましょう。

亀山神社の社殿の足元を見ると、
なんと亀の形をした大きな石が！

願掛け地蔵
「誰にも見られないで参拝すると願いが叶う」といわれていますが、ここは本当に人通りが少ないので、見られない確率はかなり高いです！

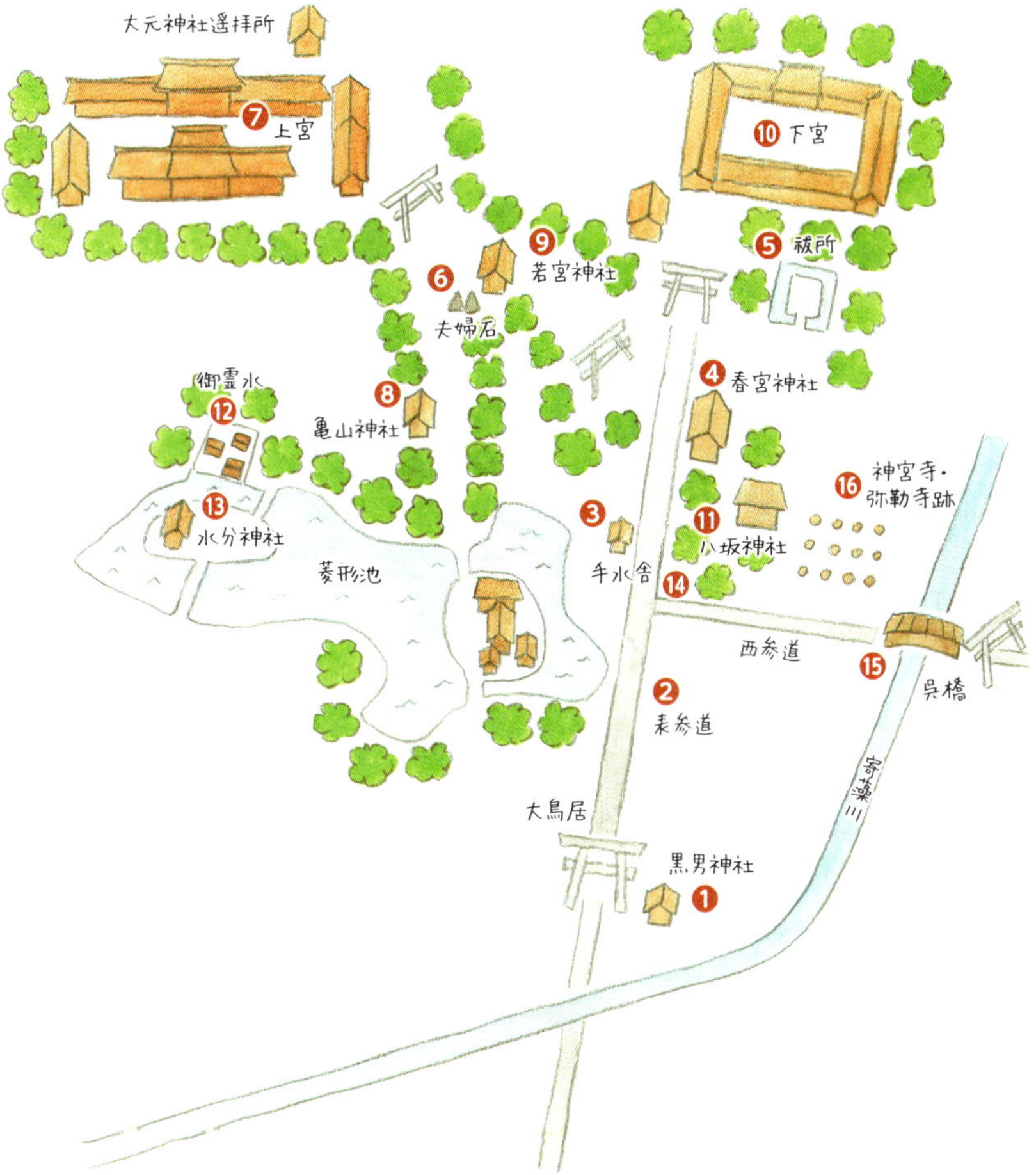
大元神社遥拝所
7 上宮
10 下宮
9 若宮神社
5 祓所
6 夫婦石
御霊水
12
8 亀山神社
4 春宮神社
16 神宮寺・弥勒寺跡
3
13 水分神社
11 八坂神社
菱形池
手水舎
14
西参道
15
呉橋
2 表参道
寄藻川
大鳥居
黒男神社
1

上宮《じょうぐう》と下宮《げぐう》のコントラストを感じて

太陽の国のような神々しさがあふれる「上宮《じょうぐう》」と、女神がほほえむようにやさしく穏やかな「下宮《げぐう》」のコントラストがおもしろく、両方お参りすることで、仕事と家庭のバランスが整うご利益があります。

左へ進むと「上宮」、右が「下宮」
参拝順は「上宮」→「下宮」です

上宮への階段は一段上がるごとに神さまに近づいていく感覚を肌で感じます。西大門をくぐると現れる楼門《ろうもん》が参拝場所。宇佐神宮は「八幡造《はちまんづくり》」と呼ばれる独特な建築様式で、楼門の中に「一之御殿、二之御殿、三之御殿」が横一列に並んでいます。参拝方式は、「二礼・四拍手・一礼」です。上宮には、国家の平和を守るお役目があるので、「すばらしい世の中になるよう、よい仕事ができますように」とお祈りしましょう。

上宮の楼門

大楠
近づくと体が
ほんわか温かく
なるほどパワーに
満ちています

社殿のすぐ横に、樹齢800年を超える大楠《おおくす》のご神木があります。ご神木の前でお祈りしてから、まわりを一周すると願いが叶うといわれています。

下宮《げぐう》でしっとりした空気に浸る

下宮はたおやかな女性らしさを感じるパワースポット。閃光のように力強い光が放たれる上宮と比べると、まろやかな穏やかさを感じます。下宮は別名を「御炊宮《みけみや》」と言い、神前にお供えするお食事を準備するところでした。下宮では、おいしくごはんが食べられることに感謝を捧げ、「温かい家庭を築けますように」「家族が健康でありますように」と祈りましょう。

優美な門をくぐり
御殿へ向かいます

下宮
上宮と同じように、
左「一之御殿」
↓
中央「二之御殿」
↓
右「三之御殿」
の順にお参りします

古来からこの地を守る「御霊水《れいすい》」

宇佐神宮の大らかで美しいパワーの源は、「御霊水《れいすい》」にあります。御霊水は、応神天皇の御霊《みたま》が現れた場所といわれる「菱形池《ひしがたいけ》」のほとりにあります。人の気配はあまりなく、静けさの中にパワーがみなぎっています。「心も体も清らかでありますように」とお祈りしましょう。

井戸のフタを開けて
御霊水をいただくこともできます
(飲み水には適していないので、
神棚にお供えするために使います)

コラム

神さまは個性派ぞろい

神さまを数えるときは、一柱（はしら）、二柱（はしら）といいます。神さまは目には見えませんが、天と地をつなぎ幸せをもたらしてくれる大きな柱のような存在です。

神さまとひと言でいっても、キャラクターはさまざまです。

生徒会長のように優等生でリーダーシップがあってみんなが憧れる神さま、アマテラスオオミカミ。「母親に会いたい！」とワガママを言って泣いたり怒ったりやんちゃをするけれど、なぜか愛されてしまう神さま、スサノオノミコト。子どものような純粋さとひたむきなやさしさでたくさんの女性と結ばれるモテモテな神さま、オオクニヌシノミコト。見た目は清楚なアイドルのようにかわいらしいのに、怒らせると誰も止められないほど強すぎる女性に変貌するコノハナサクヤヒメノミコト。セクシーなダンスで神さまたちを魅了し、天岩戸《あまのいわと》を開くきっかけをつくった伝説の踊り子、アメノウズメノミコト。

こんなふうに神さまの個性を少しでも知ると、遠い存在だった神さまが、どこか身近に感じられます。

神社のご利益《りやく》というのは、こうした神さまのキャラクターに基づいていることが多く、恋愛が得意な神さまをお参りすれば恋愛運がアップしますし、勝負に強い神さまをお参りすれば、ここぞという場面で結果が残せる人に成長していきます。

二章

ご神木に会いに行く

神社めぐりが好きな理由のひとつに、「ご神木《しんぼく》」との出会いがあります。神さまが宿る木、ご神木はどことなく不思議なパワーを感じるもの。眺めているだけで心が癒やされたり、頭がスッキリしたり、勇気が湧いてきたりします。

ご神木というと、注連縄《しめなわ》や紙垂《しで》が掛けられている立派な木のことと思いがちですが、「神社の境内にあるすべての木がご神木なんですよ」と大國魂神社の権禰宜《ごんねぎ》さまから教えていただきました。

神社の境内はまさに神さまが宿る森。有名なご神木だけでなく、境内をゆっくり散策しながら、自分の心に響くご神木を見つけてみるのも楽しい時間です。

たとえば、明治神宮のご神木「夫婦楠《めおとくす》」は、大きな2本の楠がちょうどいい距離感で仲良く立つ姿から、ふたりがそれぞれに自立しながら相手に寄り添い合う大人のパートナーシップが感じられます。お参りすることで、大切な人とお互いの夢や目標を応援し合い、いつまでも笑顔で手をつないでいられるように導かれていきます。

來宮《きのみや》神社のご神木「大楠《おおくす》」は、本州1位の巨樹で、高さは26メートル、幹回りはなんと24メートルもあり、実物を前にすると、あまりの大きさに圧倒されてしまうほど。2000年以上生き延びてきた大樹は、人生のあらゆることを乗り越えるパワーを与えてくれ、大切なことを思い出させてくれる長老のような存在です。

ご神木を楽しむ秘訣は、木を〝感じる〟こと。感じるためには、ふだん働き続けている思考をいったん休め、木の前でただ深呼吸してみるのです。するとと気持ちがスーッと穏やかになって、焦ったり不安になったりしていた心がゆっくり落ち着いてきます。そのままさらにご神木を見ていると、木に宿る神さまが、「大丈夫、マイペースに進みましょう」とか「目標に向かって今行動するときですよ」と話しかけてくれるように感じます。

ゆっくり時間をかけてご神木と向き合えるのは、とてもありがたい時間。あなたにとって心温まるご神木との出会いがありますように。

東京

明《めい》治《じ》神《じん》宮《ぐう》

DATA 原宿駅・代々木駅・明治神宮前駅より徒歩約1分
東京都渋谷区代々木神園町1-1
☎03-3379-5511

大都会の真ん中にあるオアシス

明治神宮といえば、「圧倒的な存在感がある鎮守の森」という印象を持ちますが、実は今から１００年前はこの敷地の大部分は荒地だったそう。明治天皇と皇后の昭憲皇太后が崩御された後、「お二人の御霊をおまつりし、皆が憩う場所をつくりたい」という国民の熱い思いからスタートした明治神宮の創建プロジェクト。永遠の森を目標にし、東京ドーム15個分の敷地に、全国から献木された約10万本の木を、約11万人の青年たちの手で1本ずつ植林しました。２０２０年で鎮座百年を迎える明治神宮は、一歩足を踏み入れるとここが都心であることを一瞬にして忘れてしまう祈りの森なのです。

御朱印

「静」と「動」の
ふたつのパワーを感じて

境内を歩くと「静」と「動」のふたつの感覚をおぼえます。「静」という感覚は、森が放つ圧倒的な癒やしのパワー。一歩足を踏み入れるとすぐに、全身が深緑色になったのではないかと思うほどの安心感に包まれます。

背中をグッと押される「動」のパワーも感じることができます。とくに、原宿駅近くの鳥居をくぐり、本殿に向かう南参道は、のんびりした意識で歩いていても何かに後押しされるようにグイグイと本殿のほうに引っ張られていくように感じます。後押しの力は、大鳥居をくぐるとさらに加速し、「枡形（ますがた。縁起のいい88度に設計された曲がり角）」を過ぎると、トンネルから出たようなパッと明るい印象に。

空から見ると
こんな感じ。
まさに都会の
中にある森！
大きな森の中に身を置くと
「ありのままの自分でいよう」
という気持ちに

参道にずらりと並ぶ酒樽
向かいにはフランスの
ブルゴーニュ地方から
奉納されたワイン樽も

美しく調和のとれた
2本の木

ご神木の夫婦楠《めおとぐす》

２本の木が適度な距離を保ちながら、地中では根がしっかりと結び合った夫婦楠。相手に依存する関係性を卒業し、お互いに自立した状態で相手を思いやりながら愛を育んでいく大人のパートナーシップを応援してくれる力があります。

菖蒲田
6月が見ごろですが、
花菖蒲の季節を過ぎても
このあたりは穏やかな安らぎを
感じる場所です。

御苑《ぎょえん》は最高の セラピースポット

明治神宮の中で、最も平和と安らぎを感じる場所が、菖蒲田《しょうぶた》や清正井《きよまさのいど》がある御苑。街中では見られないヤマガラやルリビタキなどのかわいい野鳥を探しながら歩くと、どんどん気持ちがハッピーになります。午前中の散策がオススメ。

ヤマガラ
手にのることもあります

ルリビタキ
瑠璃色の気品ある鳥

下から水が湧き出ています
清らかに保つために
桶の内側の水には手を触れないで！

清正井。ポジティブな言葉を発すればさらに強くポジティブな状況に、ネガティブな言葉を発すれば強烈にネガティブな状況を起こすというくらい、その人の言葉や想いが増幅するパワースポット。感謝と決意をしっかり宣言して笑顔で拝観します。

アオジ
スズメに似ていて、
チュンチュン鳴きながら
地面の餌を探しています

オシドリ（オス）
カラフルな羽根

本殿の裏で
ゆったりパワーを充電

普段は神社参拝では本殿の正面からパワーを受け取りますが、人が多いと落ち着いて参拝できないことも。そんなときは、本殿の裏にまわってみるのがおすすめ。広々した芝生を歩きながら、亀石のところから池のほうに向かって深呼吸し、パワーを充電しましょう。

まわりの土はぬかるんでいることもあるので注意して！

本殿の北側にある「亀石」は、神さまを守る石といわれています。亀石に手を置いて「ありがとうございます」と感謝すると、お腹のあたりが温かくなり、心が安定します。

きれいな光の写真が撮れるので
天気の良い日はチャレンジ！

おすすめ参拝ルート

原宿駅近くの鳥居から
南参道を通り**本殿**を参拝

↓

ご神木（夫婦楠）参拝、
神楽殿でご朱印をいただく

↓

本殿西側の門を出て宝物殿方向へ歩き、
北池そばの**亀石**に参拝（本殿から徒歩約15分）

↓

本殿方向に戻り御苑（維持協力金500円）へ。
菖蒲田や**清正井**を楽しむ

↓

南参道を戻り、
カフェ「杜のテラス」で休憩

ほっとひと息

杜《もり》のテラス

営業時間：9：00～閉門時間
☎ 03-3379-9222

原宿口鳥居前にあるカフェ。明治神宮境内の枯損木も使われたガラス張りの店内にいると、まるで神さまのお庭の中でお茶をしているような気分に。月によって明治神宮の閉門時間は変わるので、参拝前に営業時間をチェックして。

東京

大國魂神社《おおくにたまじんじゃ》

DATA 府中駅・府中本町駅から徒歩約5分
東京都府中市宮町3-1
☎ 042-362-2130

ご朱印

東京都府中市はかつて、武《む》蔵国《さしのくに》(現在の東京都・埼玉県・神奈川県の横浜市と川崎市で構成される地域)の中心地でした。国府が置かれ、国造りの神さまである大國魂大神《おおくにたまのおおかみ》(大国主命)のご神徳によって、人々の暮らしを豊かにするための産業が次々に生み出されました。

幸せな環境づくりを助けてくれる神さま

大国主命(オオクニヌシノミコト)といえば、今では「縁結びの神」としてよく知られていますが、もともとは国造りの神さまとしてすばらしい能力を発揮されたお方。関東地方の中心となるこの場所で、生活の基本である衣食住の方法をはじめ、医療法やまじないの術も授けてくださったといわれています。

長い参道で
ワクワク感をあたためて

大鳥居から拝殿手前の随神門《ずいしんもん》まで一直線に伸びている参道には、貫録があるけやきの木がずらり。随神門をくぐるあたりから、神さまのパワーを強く感じられるようになり、まるで神さまが大きな手を私の頭のところに持ってきて、思いやりと知恵と力を授けてくださっているような感覚をおぼえます。

大きなけやきの樹がズラリ!

本殿裏にあるご神木「大いちょう」は樹齢およそ1000年。天に向かって成長するパワーを感じ、側にいるだけで元気になれます。

感謝をして手を合わせ、
目標や夢のために誠実な行動を
することを誓います

狛犬のお顔に注目！

大國魂神社は狛犬ファンの聖地といわれるほど、さまざまな種類の狛犬に出会えます。

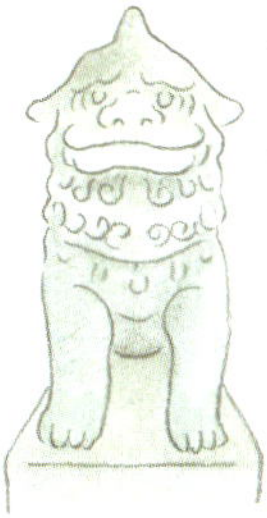

住吉神社、
大鷲神社(P53)の
狛犬

東照宮の狛犬

拝殿の狛犬

左まわりの参拝で良い流れに乗ろう

大きな神社には、本殿以外に小さな社が多数あり、どこから参拝すればよいのか迷ってしまいます。正しい参拝ルートというのは決められていませんが、ご神職の方々は日々のお勤めの際、左まわりにめぐるそう。拝殿を参拝した後に、左まわりに参拝します。

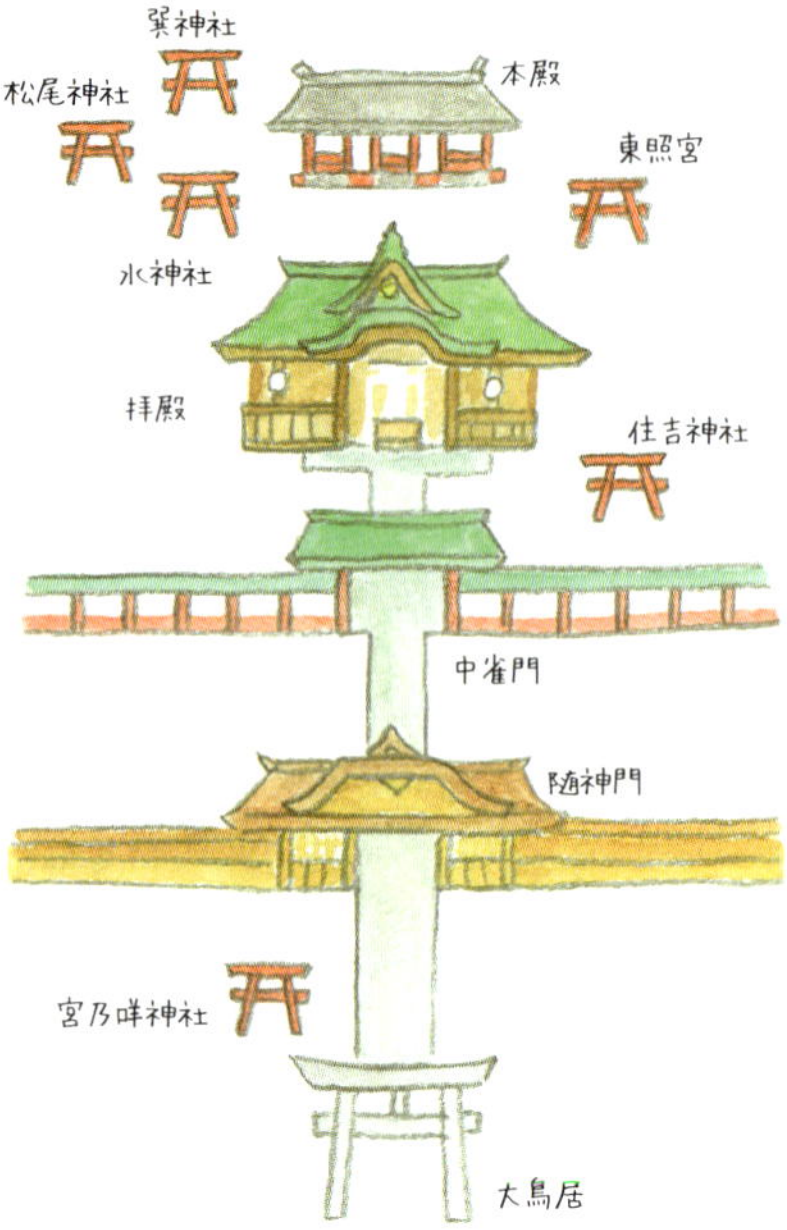
巽神社
松尾神社
本殿
東照宮
水神社
拝殿
住吉神社
中雀門
随神門
宮乃咩神社
大鳥居

鈴や水の音には
心身のけがれを祓う力があるそう

まずは「水神社」から。水の神さまは、心身の健康と子孫繁栄を司っています。心の中で「ありがとうございます」と唱えながら手を清めて。

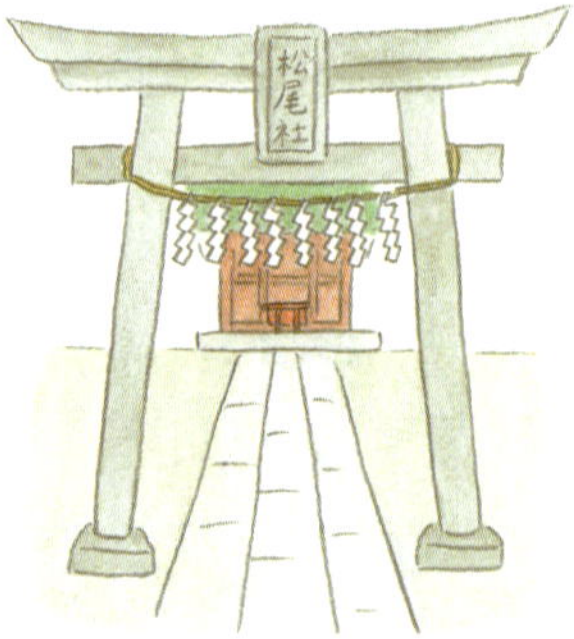
松尾社

次は「松尾神社」で山の神さまを参拝。

巽神社の狛犬
誰かに似てる!

続いて「巽《たつみ》神社」。ここの狛犬は必見！なんとも愛くるしいお顔で一度見たら忘れません。

続いて、「東照宮」→「住吉神社・大鷲《おおとり》神社」の順にお参りします。このあたりには、ワクワクするような光が降り注いでいます。参拝した後は、降り注ぐ光のパワーを感じてみて。

こんな美しい
光の写真が撮れることも！

左まわりの参拝が終わったら、「宮乃咩《みやのめ》神社」と大鳥居から徒歩15分の武蔵国府八幡宮（境外末社）もあわせてお参りすると、さらに運気が上がります。

なぜ、境内にいくつも小さな神社があるの？

大規模な神社では、本殿でおまつりするメインの神さまのほかに、摂社《せっしゃ》・末《まっ》社《しゃ》と呼ばれる小さな社殿で、さまざまな神さまがおまつりされています。このことにより、参拝者や地域の方を、仕事運・恋愛運・金運・健康運などバランスよく総合的にサポートしているのです。

静岡

來《きの》宮《みや》神《じん》社《じゃ》

DATA 来宮駅から徒歩約3分、熱海駅から徒歩約20分
静岡県熱海市西山町43–1
☎0557–82–2241

驚くほど大きなご神木がズラリ

樹齢2000年を超えるご神木をはじめ、個性豊かな樹々が並ぶ姿は、まるで巨木の博物館のよう。江戸末期までは「木宮明神」と呼ばれていたそうで、ご神木ファンならぜひとも訪れたい神社です。古木に囲まれる神社と聞くと、深緑色と土色の落ち着いたトーンを想像しますが、來宮神社は参道に竹が植えられているため、一年を通して若々しくさわやかな印象があります。

ご神木をいろいろな角度から楽しめるように、階段や道などの工夫が随所にあります。見る角度によってまったく表情が違うので、正面から見た後は、後ろから、少し高い位置からなど、ぜひ好きな角度を見つけて楽しんで。神聖な自然の魅力を余すところなく堪能できます。

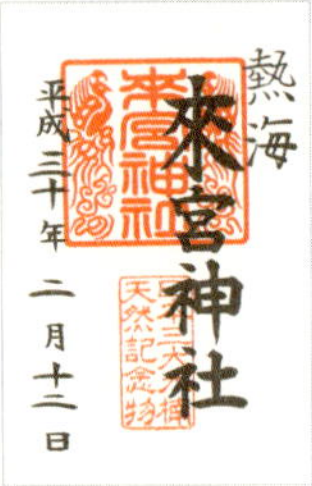

ご朱印

ご神木のまわりを右まわりに歩こう

大楠(おおくす)
樹齢2000年
幹周23.9メートル、
高さ26メートル
大きさは本州一!

「大きな木といえばこれくらい」という想像をはるかに超える大楠《おおくす》は、実際目にすると誰もが「うわぁっ！」と声をあげる感動的なご神木です。巨木の前で参拝した後、右まわりに歩くのがポイント。「願い事を心に思いながら一周すると叶う」「寿命が一年延びる」と言い伝えられています。

第二大楠(だいにおおくす)
手を合わせて感謝を

歩いていると、まるで自分が巨大な太陽のまわりをまわる惑星のような感覚に。地球における地軸が整うように、体の「軸」が調整されて、心のブレがなくなり、集中力が増していくのを感じます。

境内2番目の巨樹は、樹齢1300年を超える第二大楠。300年前の落雷にも負けず今日まで生き延びている木のそばにいると、お腹の底から生きる力が湧いてきます。落雷時に大きく空いた穴には神さまや木霊《こだま》が棲んでいるよう。

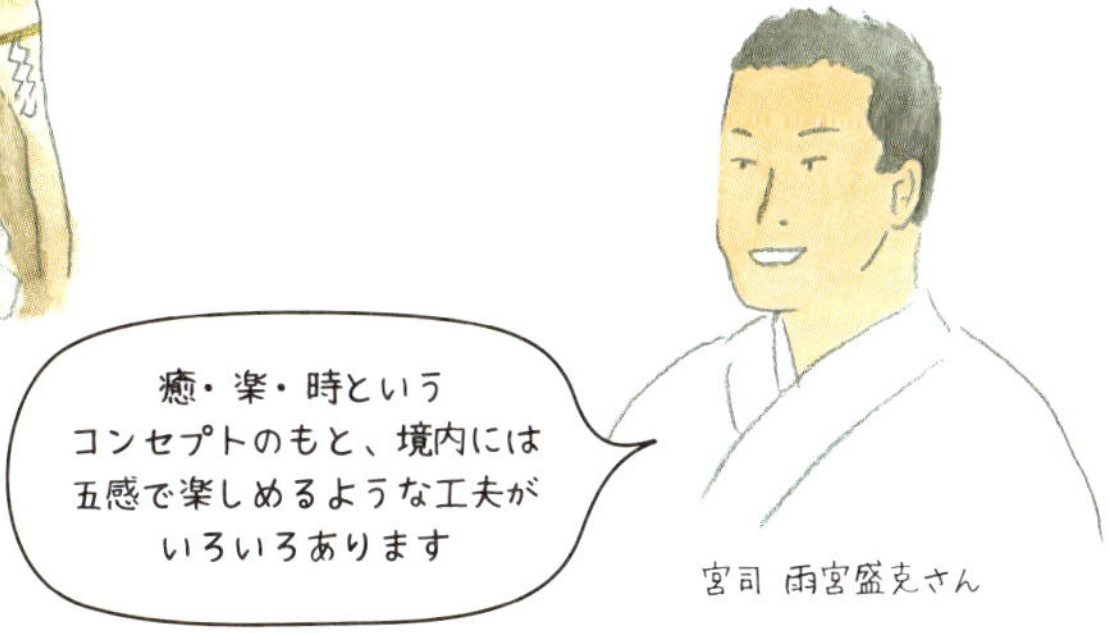
癒・楽・時という
コンセプトのもと、境内には
五感で楽しめるような工夫が
いろいろあります
宮司 雨宮盛克さん

弁財天 入り口

水の音に癒やされ美人になる

鳥居をくぐり、橋を渡り、階段を上がると「弁財天」のお社があります。手を合わせると、神々が宿る弁天岩のパワーを感じ、身も心も美しくなる感覚に。弁財天のご利益は、金運と美容運。耳をすませて水の音も感じてみて。水の音、鈴の音にはけがれを祓い、本来の美しさを取り戻す効果があります。

弁天岩
古代の神々が宿る
磐座(いわくら)

境内でハートを探そう

縁結びの神さま・オオナモチノミコト（大己貴命）をおまつりする來宮神社の境内でハート形を探すと、恋愛運･出会い運がアップするそう。ハート形は３か所にあるのでぜひチェック。

ハート形の落ち葉

社殿にある
猪目(いのめ)

猪目……神社や仏閣にあるハートにくり抜いたような形の装飾のこと

本殿から続く竹林
この竹のトンネルを抜けて
出会う大楠は感動的！

竹のシャワーで身も心も浄化して

來宮神社の気持ちのよさのひとつに、竹の存在があります。これほど竹が植えられている神社は珍しい。竹のトンネルは笹の音が耳に心地よく、まるで全身にやわらかなシャワーを浴びたような爽快な気分に。竹は心身浄化の効果があるほか、すくすく育つことから「人の成長を促す」といわれています。

香りを家に持ち帰ろう

オリジナルのアロマオイルは、ご神木の楠を原料に、ヒノキやホーウッドもブレンドされた100％天然成分のオイル。アロマストーンやアロマオイル配合のバスソルトもあります。

アロマストーン（左）は、
アロマオイルを5～6滴たらして
香りを楽しみます

ほっとひと息

大楠《おおくす》 五色《ごしき》の杜《もり》

営業時間：10:30 ～ 16:30
☎ 0557-82-2241

大楠を望める位置にあるお茶屋さん。境内のエネルギーをゆっくり感じられるようにオープンカフェになっています。テーブルのガラスに自然の風景が映るようになっていて素敵！

おすすめ参拝ルート

若々しい竹林の参道を進み、**本殿**参拝

→ **弁財天**参拝（水の音で癒やされ美容運・金運をアップ）

→ 竹林のトンネルをくぐり**大楠**参拝（願いを込めて1周をすると願いが叶う）

→ 茶寮「五色の杜」で自然のエネルギーを浴びながら休憩

→ **参集殿**でご朱印をいただく

→ **三峯社**参拝（第二大楠に注目）、**稲荷社**参拝

三重

伊《い》勢《せ》神《じん》宮《ぐう》

ここから新しい人生が始まる

神恩感謝

DATA **内宮**　外宮からバスで約10分／三重県伊勢市宇治館町1／☎0596-24-1111
外宮　伊勢市駅から徒歩約5分／三重県伊勢市豊川町279／☎0596-24-1111

伊勢神宮（正式名称：神宮）は、「お伊勢さん」と親しみを込めて呼ばれ、内宮《ないくう》と外宮《げくう》を合わせて年間800万人以上が訪れる日本を代表するパワースポットです。生きとし生けるものの命を育む太陽の神・アマテラスオオミカミがまつられる内宮と、衣食住などの暮らしを守護する神・トヨウケノオオミカミがまつられる外宮をはじめ、125のお宮を含めて「神宮」と呼ばれています。

伊勢神宮をお参りするたびに感じることは、いつも新鮮なエネルギーに満ちているということ。2000年以上の時を経てもなお、これほどまでに新しさを感じるのは、伊勢神宮が大切にしている「常《とこ》若《わか》＊1」という精神があるから。伊勢神宮をお参りすることは、新しい人生がはじまることを意味します。新しいスタートを切る参拝をぜひ楽しみましょう。

境内では
にわとりに
出会えること
もあります

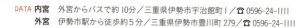

まずはお清めをしながら外宮《げくう》へ

伊勢神宮は、外宮《げくう》から内宮《ないくう》の順にお参りします。外宮にまつられているのは、衣食住などの暮らしを守護する神さま・トヨウケノオオミカミ（豊受大御神）。内宮の神さまであるアマテラスオオミカミ（天照大御神）が、「私だけでは食べることもままならないので、トヨウケノオオミカミを呼び寄せてほしい」と伝えたことから、内宮に近い場所に外宮ができたといわれています。

トヨウケノオオミカミ
アマテラスオオミカミの信頼を受け、
食事面をサポートする神さま

外宮の入り口にある「火除橋《ひよけばし》」には、「左側通行」と書かれています。なぜ左側通行なのかというと、トヨウケノオオミカミをまつる社殿に敬意を表して、できるだけ遠回りで歩くため。ちなみに内宮は、右側を歩いたほうが遠回りなので右側通行になっています。

火除橋（ひよけばし）
一礼してから渡りましょう

「三《み》ツ石《いし》」で心身を浄化する

参道の途中に、肩を寄せ合っているような3つの石があります。それほど大きくない石に見えますが、けがれを祓い清めてくれるパワーはとても強いもの。心静かに手を合わせましょう。（手をかざすことはご遠慮ください）

ご神木の「清盛楠（きよもりぐす）」は、
豪快な枝ぶりが男らしくてカッコいい！

＊1　伊勢神宮には、20年に一度社殿を建て替え、新しい社殿に神さまをお移しするという習わしがあります。これを「式年遷宮（しきねんせんぐう）」といいます。

まわりには巨木が勢ぞろい！
神さまの温かい愛情を感じます

豊受大神宮《とようけだいじんぐう》で温かいパワーに包まれる

外宮《げくう》の正式名称は「豊受大神宮《とようけだいじんぐう》」。衣食住をサポートしてくださる神さまに、毎日食事ができること、衣服があること、住む家があることを、あらためて感謝します。そして、毎日の生活を支えてくれる家族や大切な人にも感謝を。お参りすることで、生活環境が整い、人を笑顔にするようなすばらしい仕事ができるようになります。

「多賀宮《たかのみや》」は、トヨウケノオオミカミの荒御魂《あらみたま》をまつる別宮。荒御魂というと勇ましい感じがしますが、ここはとても華やかで美しい空気が流れる場所。自分の人生において大切なことを確認するのに最適なパワースポットです。

おすすめ参拝ルート

火除橋を渡り（左側通行）、
清盛楠にごあいさつ

→ 外宮神楽殿近くの**四至神**
（神域の四方を護る神さま）を参拝

→ **豊受大神宮**参拝

→ **亀石**（多賀宮に向かう途中の石橋）を
通り、**多賀宮**へ

→ **下御井神社**（水の神さま）、**土宮**（土の
神さま）、**風宮**（風の神さま）を参拝

→ **神楽殿**でご朱印をいただく

→ 表参道から出てバスに乗って内宮へ。もしくは裏参道を歩き北御門から出て月夜見宮（p64）まで徒歩約 10 分

ほっとひと息

あそらの茶屋

営業時間：7:30 ～ 17:00
☎ 0596-65-6111

外宮の目の前にあるお茶屋さん。早起きしてこちらで朝かゆ（7:30 ～ 10:00 限定）をいただいて参拝するのがおすすめ。参拝の後にカフェやランチも。

アマテラスオオミカミが照らす内宮《ないくう》へ

内宮《ないくう》の正式名称は「皇大神宮《こうたいじんぐう》」。アマテラスオオミカミは太陽のようにすべての人を平等に照らし、生きる喜びを教えてくれます。奇跡のように美しい境内を、ぜひ五感のすべてを開放して感じて！ アマテラスオオミカミの照らす光の中で、人生を変えるほどの気づきが得られるはずです。

どんどん五感が
研ぎ澄まされていく!

境内を流れる五十鈴川《いすずがわ》は、参拝する前に心身を清める場所。石畳を降りた「御手洗場《みたらし》」で直接川に手をつけます。川の流れる音を聞くとことで耳が清められ、澄んだ水の流れを見ることで瞳も清められます。

ご神木はどれも巨木で、
まるで神さまが語りかけてくるよう

年間を通して参拝者が多い内宮は、朝8時30分までに参拝するのがおすすめです。早朝参拝すると森のご神木の間から朝日が覗き、最高に美しい景色に出会えます。

皇大神宮《こうたいじんぐう》の光の中で

写真を撮れるのは
石段の下までです

伊勢神宮の中で最も崇高な場所が皇大神宮《こうたいじんぐう》（正宮《しょうぐう》）。皇大神宮をお参りすると、神さまの光が心にまっすぐ飛び込んでくるような感覚をおぼえます。命を与えられていることへの感謝。拝殿に掛けられた御帳《みとばり》がふわりと上がるのは、神さまが近くまで来てくださったサインといわれています。

「荒祭宮《あらまつりのみや》」は、アマテラスオオミカミの荒御魂《あらみたま》がまつられています。皇大神宮に比べて願いをすぐに具現化する鋭いエネルギーを感じます。神さまに感謝してから夢や目標を誓いましょう。

荒祭宮《あらまつりのみや》までの参道の途中にひときわ目立つご神木があります。愛情に満ちた温かいエネルギーを感じます。木を保護するためにも、触れずにご神木の前で手を合わせて。

風日祈宮橋(かざひのみのみやばし)
この橋から眺める朝日は本当に美しい!

かけ橋を渡って違う次元へ

神社の前にかかる橋は、人と神さまのかけ橋であり、日常から神域へのかけ橋です。風雨を司る神さまがまつられている「風《かざ》日祈宮《ひのみのみや》」の前にかけられた橋もそう。渡り終わると新しい世界にたどり着いたようなスッキリした気持ちになります。

内宮の神馬は、国春(くにはる)と空勇(そらいさむ)、外宮の神馬は草音(くさおと)と笑智(えみとも)というお名前だそう

神馬に会うには

伊勢神宮には、内宮・外宮それぞれに2頭ずつ、とても美しい神馬《しんめ》がいます。神さまの乗り物とされている神馬は、毎月1日、11日、21日にお参りのため出てきます。午前8時ごろにお目にかかれるかもしれません。出会えたらラッキー!

おすすめ参拝ルート

宇治橋を渡り、すがすがしさを感じながら歩く

→ **五十鈴川**の**御手洗場**でお清めを
→ **瀧祭神**にお参りして深呼吸
→ 神楽殿を過ぎ五丈殿近くの**四至神**参拝
→ ご神木を楽しみながら歩き、**皇大神宮**参拝
→ 荒祭宮へ向かう途中の**大きなご神木**にごあいさつ
→ **荒祭宮**参拝、夢や目標を誓う
→ **風日祈宮**(橋を渡ると気持ちがスッキリ)
→ 神楽殿でご朱印をいただく
→ **大山祇神社**・**子安神社**参拝
→ 宇治橋を戻ったところで、宇治橋に対面する位置にある**饗土橋姫神社**参拝
→ おかげ横丁の五十鈴川カフェでゆっくり休憩。もしくはバスで月讀宮(P64)へ

ほっとひと息

五十鈴川《いすずがわ》カフェ

営業時間:9:00 〜 17:30
(季節により異なる)
☎ 0596-23-9002

内宮から徒歩約10分のおかげ横丁にあるカフェ。どの席からも五十鈴川が眺められるのがうれしい。モンブランやロールケーキをいただきながらひと休み。

三重

月讀宮《つきよみのみや》・月夜見宮《つきよみのみや》

DATA **月讀宮**　五十鈴川駅から徒歩約 10分／三重県伊勢市中村町 742-1
☎ 0596-24-1111
月夜見宮　伊勢市駅から徒歩約 10分／三重県伊勢市宮後 1-3-19
☎ 0596-24-1111

アマテラスオオミカミ（天照大御神）の弟神にあたるツキヨミノミコト（月讀尊）。月讀宮《つきよみのみや》と月夜見宮《つきよみのみや》には、ともにツキヨミノミコトがまつられています＊1。アマテラスオオミカミのキャラクターは「積極性、行動力、強さ、リー

アマテラスオオミカミは太陽
ツキヨミノミコトは月

月のパワーを受け取り、幸運の流れに乗る

ダーシップ」。まさにポジティブなリーダーという感じですが、対してツキヨミノミコトは「受容性、癒やし、穏やかさ、サポーター」というキャラクターを持っています。

神社にはセットでお参りするほうが好ましいところがあるのですが、まさにアマテラスオオミカミとツキヨミノミコトがそう。両方お参りすることで、「働きすぎていた人は、仕事とプライベートとのバランスがうまくとれるようになる」など、ちょうどいい具合に整っていきます。

ツキヨミノミコト
やわらかなエネルギーを
持つ男の神さま

疲れを癒やし、直感力を高める

月光浴をすると、疲れた体が癒やされるだけでなく、直感力が高まる効果があります。ツキヨミノミコトをまつる神社では、迷っていることに対して質問すると、直感を通してヒントがやってくることがあります。神さまからのメッセージを受け取って、幸運の流れに乗りましょう。

伊勢神宮のめぐり方

「伊勢神宮」とは、内宮（皇大神宮 P61）、外宮(豊受大神宮 P59)のほか、別宮、摂社、末社、所管社を含めた125社をまとめた呼び名です。伊勢を訪れたら、内宮の別宮である「月讀宮」と「瀧原宮」(P112)、外宮の別宮である「月夜見宮」も一緒に参拝するのがおすすめです。

2日間でめぐるプラン

1日目

伊勢市駅から徒歩約5分

↓

あそらの茶屋(P60)で
朝かゆを食べる
(7:30・~ 10:00 にいただけます)

↓（徒歩1分）

外宮参拝

↓（徒歩 10 分）

月夜見宮参拝

↓（電車で1時間 30 分）

瀧原宮参拝

2日目

伊勢市駅からバスで約 20 分

↓

内宮参拝

↓（徒歩 10 分）

おかげ横丁でぶらり &
五十鈴川カフェ(P63)で休憩
もしくはランチ
（伊勢うどん or てこね寿司）

↓（バス 10 分）

月讀宮参拝
（近くの猿田彦神社もおすすめ）

伊勢うどん

てこね寿司

＊1　月讀宮と月夜見宮の読み方は、ともに「つきよみのみや」。漢字表記が異なるのは両宮の区別をするためです。

神さまの領域に
引き込まれていくよう

月讀宮《つきよみのみや》の癒やしの森へ

月讀宮の参道は、流れにのって良いことが起こる森です。鳥居をくぐった瞬間から、神さまが宿る美しい木漏れ日がシャワーのように全身に降り注ぎます。

内宮（P61）の森と比べて、よりやさしくて繊細な感覚をおぼえます。心がどんどん素直になって自分らしさを取り戻せる感じ。この場に身をゆだねてインスピレーションを受け止めて。

天気がよければ
光の写真を撮ってみよう

コツは、木の陰から見え隠れする
太陽の光を撮影すること

新しい気づきが得られる4つのお宮

森を抜けると、4つ並んだ美しいお社が姿を表します。参拝の順番は、月讀宮《つきよみのみや》→月讀荒魂宮《つきよみあらみたまのみや》→伊佐奈岐宮《いざなぎのみや》→伊佐奈弥宮《いざなみのみや》。頭を空っぽにしてワクワクしながら参拝するのがポイント。

激しい夫婦げんかをしたといわれる
イザナギノミコトとイザナミノミコトも、
ここでは仲睦まじく並んでいます
息子のやさしいツキヨミノミコトがいる
おかげかもしれませんね

月夜見宮《つきよみのみや》で絆を深める

外宮（P59）の北御門口《きたみかどぐち》から北へまっすぐ300メートルのところに、別宮「月夜見宮」があります。ここは古くは農耕と深いつながりがある地として信仰されてきた場所だそう。

繊細さを感じることが多いツキヨミノミコトの神社ですが、こちらは、家族が円満になるようなほっこり感、人と人との絆を感じるのが特徴です。

近くに行くと
守られている感覚に

人々の生活を支える神さまの温もりとやさしさは、ご神木の大楠《おおくす》に表れています。つらいときも大楠に会えば、ありのままの自分を取り戻せるような懐の深さを感じます。

ツキヨミノミコトの通り道

月夜見宮《つきよみのみや》と外宮の北御門《きたみかど》をつなぐ道は、ツキヨミノミコトが往来するという信仰から「神路通《かみじどお》り」と呼ばれ、道の中央を避けて歩く習慣があります。

通りの家の玄関には、
しめ縄飾りが一年中
かけられています
笑門

千客萬来
これらの飾りは、
「進んで親切にすることで
幸せがめぐってくる」
という言い伝えが
由来になっているそう

山梨

北口本宮冨士浅間神社《きたぐちほんぐうふじせんげんじんじゃ》

DATA 富士山駅から徒歩約 25分、バスで約 10分
山梨県富士吉田市上吉田 5558
☎ 0555-22-0221

ヤマトタケルノミコト（日本武尊）が遠征で立ち寄った際、大塚丘《おおつかやま》から富士山を拝み、「北方に美しく広がる裾野をもつ富士は、この地より拝すべし」との言葉を残したことが、創建のきっかけとされています。樹齢1000年を超える立派なご神木と豪華な社殿に魅了されますが、何度も足を運びたくなるのは、この一帯に「奥深さ」を感じるから。参拝すると、成熟した大人の魅力が開花するように導かれます。

ご朱印

奥深い安らぎの中で ゆったり癒やされる

ご祭神は、コノハナサクヤヒメノミコト（木花開耶姫命）と、彼女の夫であるヒコホノニニギノミコト（彦火瓊々杵尊）、父のオオヤマヅミノカミ（大山祇神）。ここ北口本宮冨士浅間神社のコノハナサクヤヒメは、男性を包み込むような懐の深さと風格を漂わせています。

エネルギーの違いを感じて

富士山の守り神であるコノハナサクヤヒメノミコトをまつる浅間神社は富士山周辺に多数ありますが、とくにパワフルなのが、北口本宮冨士浅間神社と富士山本宮浅間神社（P92）の2社。このふたつの神社は同じ神さまをおまつりしていますが、エネルギーは対照的。違いを感じてみましょう。

北口本宮冨士浅間神社

深みのある大人女性
女王さま
おだやかな安定感
じっくり成長する

⇕

富士山本宮浅間大社

ピュアで可憐な少女
お姫さま
弾むようなキラキラ感
素早く成長する

北口本宮
冨士浅間神社
山梨県
富士山
2つの神社は
富士山をはさんで
ちょうど反対側に
あります
富士山本宮
浅間大社
静岡県
伊豆

自分が持っている魅力に気づくには？

自分が持っている魅力は、自分ではなかなかわからないもの。そこでおすすめなのが、境内にある社殿や自然（ご神木・川の水・風の音など）の中で「美しい」と思うものと「その理由」を探してみること。たとえば、「ご神木が、温かみがあって癒やされる」と思うなら、「あなたは温かみがあって人を癒やす魅力を持っていますよ」という神さまからのメッセージです。

参道の杉並木
参拝は冒険と同じ。参道を歩くと「これから何かが始まる！」そんな予感がしてきます

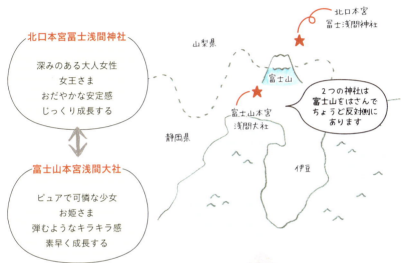

大きな懐に ゆったり抱かれて

杉並木を抜けると、思わず声を上げてしまうほど大きな鳥居が現れます。腹がすわった安定感と宇宙のような視野の大きさを感じます。

拝殿の左側には、ひときわ明るいパワーを放つ「冨士太郎杉《ふじたろうすぎ》」。右側にはやさしく穏やかなパワーを放つ「冨士夫婦桧《ふじめおとひのき》」。太郎杉を太陽とするなら、夫婦桧は月のよう。

冨士夫婦桧
2本のヒノキが寄り添うように
伸びる姿から、ご利益は
「助け合いながら成長できる
パートナーに会える」

冨士太郎杉
のびのびと天に向かっている姿から、
ご利益は「迷いがなくなる」
「リーダーシップ運があがる」

一歩ずつ進む力が 湧いてくる

大きな目標もまず一歩から。三日坊主でお困りの人は「冨士登山道吉田口」でお祈りするのがおすすめ。原点に立ち、初心を思い出すようなパワーを授けてくれます。

登山道を200メートルほど歩いたところにある
大塚丘（おおつかやま）は、
北口本宮冨士浅間神社の創祀の場所
ヤマトタケルノミコトがまつられています

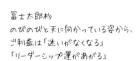

息をのむ美しさの諏《す》訪《わ》神社

ドッシリと構えたような頼りがいのあるパワーを感じる諏訪神社。一見すると勇ましい雰囲気がありますが、拝殿から本殿を見るとその美しさにうっとりします。

拝殿が額縁になって
文字通り絵になる景色

手水舎ではドキッとするような
カッコいい龍神に出会えます

赤富士の絵馬

富士山が朝日に照らされて
赤く染まる現象を「赤富士」といい、
めったに見られないことから
縁起物とされています

おすすめ参拝ルート

参道を進み、**大鳥居**、**随神門**をくぐる

↓

ご神木（**太郎杉**・**夫婦桧**）にごあいさつ

↓

拝殿（本殿）参拝

↓

本殿横の**次郎杉**

↓

神武天皇社・東宮、恵毘寿社、
西宮・小御嶽遥拝所、冨士登山道吉田口、
祖霊社、諏訪神社参拝

↓

（本殿の右側には 20 社ほど摂末社が
並んでいるので、心が惹かれるお社へお参り）

↓

授与所でご朱印をいただく

ほっとひと息

浅間《せんげん》茶《ちゃ》屋《や》

営業時間：11:00 ～ 18:00
☎ 0555 30 4010

神社から歩いて約1分ほど、山梨名物のほうとうがおいしくいただけます。店内は一人でも入りやすい温かい雰囲気です。

コラム

境内の小さな神社について

神社の境内には、本殿のほかに、小さなお社《やしろ》がある場合があります。これを摂社《せっしゃ》、末社《まっしゃ》といいます。現在では、両者を厳密には区分する規定はなく、神社の管理下にある小さな神社の呼称として使われています。

これ以外にも呼び方があり、たとえば多くのお社を抱える伊勢神宮では、正宮《しょうぐう》のご祭神さまに縁の深いお社を「別宮《べつぐう》」、摂社と末社以外で正宮や別宮にゆかりのあるお社は所管社《しょかんしゃ》と呼ばれています。正宮である皇大神宮（内宮）と豊受大神宮（外宮）、これらの摂社、末社、別宮、所管社をすべて合わせると125社もあり、その総称が「神宮《じんぐう》」です。

本殿の神さまと縁の深い神さまがおまつりされている場合もあれば、逆に、たとえば本殿の神さまが仕事運の神さまであれば、恋愛運や健康運などそれ以外の幸運をもたらしてくれる神さまがおまつりされている場合もあります。

小さなお社はよくわからないから本殿だけ参拝していたという方も、この機会に、ぜひ摂社・末社にも足を運び、神さまにごあいさつしてみてください。まずは本殿からお参りし、そのあと摂社・末社をめぐるのがおすすめです。

三章

ご神水に触れる

体の60%が水分でできている私たちは、水から大きな影響を受けています。きれいな水を飲むと、体だけでなく心まで潤ってみるみる元気になりますし、せせらぎの音は耳に心地よく安らぎをおぼえます。

そんな水の中でも特別なすばらしさを感じるのが、神社の境内に湧き出すご神《しん》水《すい》。ご神水には神さまが宿り、私たちが幸せになるように愛情をたっぷり注いでくれています。

「日本最古の水神をまつる神社」といわれる丹生《にう》川上《かわかみ》神社下社《しもしゃ》は、奈良県・吉野の山奥にひっそりとあります。日本最古の水の神さまのご神水というのは、はたしてどんな味がするのだろうとドキドキしながら口にしてみると、そのあまりのやさしさにびっくりしました。神さまのお水は、体と心の一番届いてほしかった場所にゆっくりと染み込み、気がつくと涙があふれているのです。

神さまは、「どうだ！」と存在感を主張することはなくて、こちらが意識しないと気づけないほどに私たちの一部になって命を支えてくれているもの。自分を取り戻したいとき、愛情を深めたいときは丹生川上神社下社のご神水に触れようと、私は決めています。

「女性を美しくする神社」である京都の貴《き》船《ふね》神社は、きらびやかで気品あふれるエネルギーが体と心を潤し、縁結びの幸せをもたらしてくれる美しいパワースポット。境内を流れるご神水は、飲むだけでなく顔につけてみると、お肌から「うれしい！」という声が聞こえてくるよう。パワーストーンにつけて磨くと見違えるほどキラキラと輝きを取り戻します。

気が枯れると書いて「気《け》枯《が》れ」。自信をなくしたり、悲しみを抱えたりすると誰でも「けがれ」てしまうもの。そんなときは、貴船神社に棲《す》む水の神さまに会って元気をもらってください。きっと何倍も美しい女性になれるはず。

ご神水をいただく際は、水の神さまに感謝をこめて深く一礼してから。また、ご神水はその場で飲めるものもあれば、煮沸してから飲んだほうがいいものもあります。わからない場合は社務所で確認されることをおすすめします。

神奈川

箱根神社《はこねじんじゃ》・九頭龍神社《くずりゅうじんじゃ》

山のエネルギーを浴びて仕事運をアップ

DATA 小田原駅から伊豆箱根行きバスで約 60分、または箱根湯本駅から箱根登山バスで約 40分、バス停「箱根神社入口」または「元箱根」から徒歩約 10分
神奈川県足柄下郡箱根町元箱根 80−1
☎ 0460−83−7123

観光地として高い人気を誇る箱根には、仕事運がアップするパワースポット、箱根神社があります。「箱根の山は天下の嶮《けん》（険しさ）」と歌われるほど、険しい山を登っていく参拝は体力を使いますが、参道の脇に並ぶご神木が天高くそびえる姿から大きなパワーをいただけるので、不思議と疲れを感じません。

箱根の山は古くから神々が棲《す》む山として信仰され、源頼朝や徳川家康など名だたる武将から信仰を受けてきた聖地。お参りすることで、トップクラスの仕事ができるように導かれ、勝負運が上がるというご利益があります。箱根神社の境内にある九頭龍《くずりゅう》神社の新宮《しんぐう》と、芦ノ湖を渡った先にある本宮《ほんぐう》は、縁結びと金運のご利益があるので、ぜひあわせて参拝しましょう。

ご朱印

ご神木に後押しされて開運する

箱根神社へは、バス停の「元箱根」から歩くと、第三鳥居から入ることになります。濃い緑の森に入る瞬間はとてもワクワク！　参道の石段は89段。「厄落とししてくれてありがとう」という気持ちを込めて上ります。

本殿の背後にある山から運ばれる空気がとても気持ちいい！

階段を上りきると、澄みきったパワーがあふれる気持ちのいい場所に出ます。この場にいるだけで頭がどんどんクリアになる感覚。本殿を参拝する前にここで深呼吸し、体の隅々にまで山の風が入ってくるようにイメージしながらエネルギーをチャージしましょう。

高い志を実現してくれる神さま

本殿の前に立つと、ふわりと温もりのあるエネルギーに包まれ、背中をグッと押されるような感覚に。仕事をするうえで大切にしたい思いを再確認し、成功したときのイメージをしましょう。ご祭神は、箱根大神（はこねおおかみ）として、ニニギノミコト（瓊瓊杵尊）と妻のコノハナノサクヤヒメノミコト（木花咲耶姫命）と子どものヒコホホデミノミコト（彦火火出見尊）がまつられています。となりにある駒形《こまがた》神社、高根《たかね》神社もあわせてお参りします。

九頭龍《くずりゅう》神社 新宮《しんぐう》で美しいエネルギーをいただく

「箱根神社」の境内には、九頭龍の神さまをお参りできる「九頭龍神社」の新宮があります。ここには天女が舞っているような美しいエネルギーが流れていて、「美意識が上がる、センスがよくなる、ご縁のめぐりがよくなる」ご利益があります。

「龍神水《りゅうじんすい》」は、箱根の山から湧き出るご霊水。飲み水としても適しており、飲むと体がスーッと透き通るよう。体を清めていいご運を引き寄せて。

「龍神水持ち帰り用ペットボトル」は御守所にて(100円)

平和の鳥居の前で祈りを捧げる

帰りは、参道の階段を一番下まで降りて、「平和の鳥居」の前でお祈りするのがおすすめ。鳥居から芦ノ湖を眺めながら深呼吸すると、心の奥まで清らかになっていくように感じます。「心がいつも穏やかでありますように、幸せをいつも感じられますように」とお祈りします。

この鳥居は、昭和27年に講和条約締結で日本が独立したことを記念して建てられたそう

箱根神社の山のエネルギーは「頭がスッキリする」効果
芦ノ湖のエネルギーは「心がスッキリする」効果があります

森を歩いて「本宮《ほんぐう》」へ

箱根神社から九頭龍神社 本宮へ行くには、まずバスで「元箱根」から「箱根園」まで行きます（15～30分）。そこから箱根ホテル「ザ・プリンス箱根芦ノ湖」を目指して5分ほど歩き、ホテル横から箱根九頭龍の森を歩いて20～30分ほどです。また、毎月13日の月次祭のときは、元箱根港から九頭龍神社 本宮近くまで行ける遊覧船が出ています。

箱根九頭龍の森は、ヒメシャラやケヤキなど
たくさんの樹々に囲まれた癒やしの森

ホテル脇の看板

白龍神社

最初に見えてくるのは「白龍神社」
白龍にちなんで鳥居も本殿も白！

白龍神社から5分ほどで、九頭龍神社 本宮と弁天神社があります。まずは弁天神社にごあいさつしてから、九頭龍神社 本宮へ。社殿はシンプルですが、エネルギーはとてもきらびやかで美しいものを感じます。

九頭龍神社 本宮

おすすめ参拝ルート

第三鳥居からスタート

→ **第六天神社**参拝

→ 手水舎・お札所へ（ご朱印の受付はこちらで）

→ ご神木**矢立《やたて》の杉**にごあいさつして参道の階段を上がる

→ **本殿**（拝殿）参拝、**駒形神社・高根神社**参拝

→ **九頭龍神社**（新宮）参拝

→ **龍神水**で心身を清める

→ **安産杉**にごあいさつ

→ 階段を降りる途中で**曽我神社**参拝

→ お札所に預けていたご朱印をいただき、階段を下まで降りて**平和の鳥居**でお祈りを

＊このほか、箱根園からロープウェーに乗ると「箱根駒ケ岳 元《もとつ》宮《みや》」に行くことができます。駒ヶ岳山頂に鎮座する元宮《もとつみや》は「天空の社殿」と呼ばれるパワースポット。あわせてお参りすることで、よりご利益を授かるといわれています。

京都

貴《き》船《ふね》神《じん》社《じゃ》

DATA 貴船口駅からバスで約 5分
京都市左京区鞍馬貴船町 180
☎ 075-741-2016

歩くだけでお肌が潤い、幸せ感に包まれる

訪れると美人になる神社は？　と聞かれたとき、真っ先に思い浮かべるのは貴船神社です。古くから〝万物のエネルギーである「氣」が生じる根源の地〟という意味で、貴船は「氣生根（きふね）」と表記されているそう。貴船一帯が水の神さまの恩恵を受け、透明感と潤いがあふれるドームのようになっているのです。

ご朱印

貴船は「本宮《ほんぐう》」→「結社《ゆいのやしろ》」→「奥宮《おくみや》」の順番でエネルギーが濃密になり、体の奥の細胞まで神さまのパワーが浸透していくように感じます。とくに「本宮」では、お肌・髪・表情・言葉・立ち居振る舞いという外側の美しさが整い、「奥宮」では人生の目的・志・思考といった内側が磨かれるので、参拝を終えるころには、外見と内面の両方で美人になれるのです。

朱色と新緑のコントラストがすばらしい参道は、一段上がるごとに写真を撮ってしまうほど美しい！ 左右に並ぶ灯篭《とうろう》が、出迎えてくれている女神に見えます。

ご神水が来る方向を見上げて

参道の階段を上がりきると、ご神水があります。まずは、ご神水が流れ来る方向を見上げましょう。水の神様・タカオカミノカミ（高龗神）のパワーが風になって降りてきています。水の神さまにお礼を伝えた後、ご神水に触れます。

「水占みくじ」は水に浮かべると文字が浮かびます

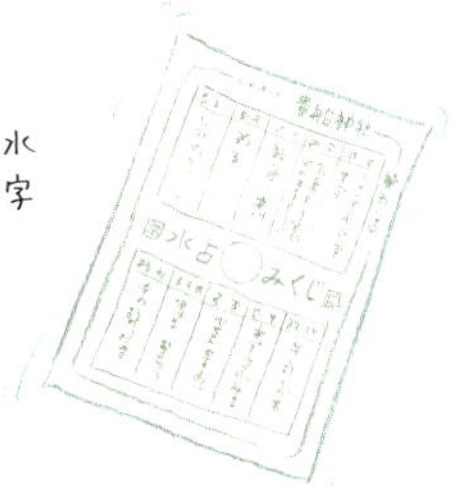

「本宮《ほんぐう》」で光のシャワーを感じよう

本宮の社殿で手を合わせて神さまにお礼を伝えると、上からキラキラした金色のシャワーが降りてきて、お姫さまのような美しい錦をまとった感覚に。お参りした後は、思いやりのある言葉を使いたくなるという効果もあります。本宮を参拝したら、裏にもまわるのがおすすめ。

奥宮。朱色の門をくぐると次元が変わり、
強い龍神のパワーを感じます

川の音を聴きながら「奥宮《おくみや》」へ

本宮から貴船川沿いを歩くと奥宮に着きます。奥宮はかつて貴船神社の本殿があったところ。キラキラした光があふれる本宮とは一転、深い井戸を降りてたどり着いたかのような静けさに畏怖を感じます。本宮と奥宮にはどちらも水の神さまがまつられているのですが、奥宮には「タカオカミノカミ」の同一神ともいわれている、谷底・暗闇の水神さま「クラオカミノカミ（闇龗神）」もまつられていることが、違いを生んでいるのかもしれません。

奥宮の参道手前にある「相生《あいおい》の大杉」は樹齢1000年のご神木。同じ根から生えた2本の大杉がぴったりと寄り添っている姿が、夫婦円満・家庭円満の象徴とされています。

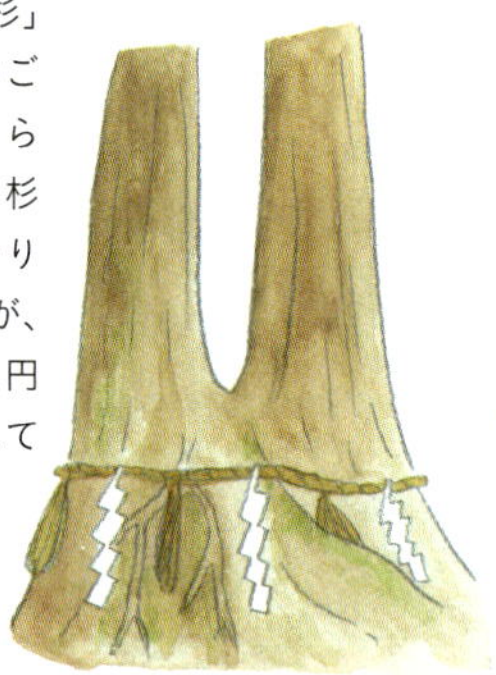

川の音を聴きながらの参拝は
セラピー効果抜群!

船の形をした石に願いをたくして

貴船神社は、タマヨリヒメノミコト（玉依姫命）が黄船に乗って、川をさかのぼり、たどり着いた奥宮の地に水の神さまをまつったのが起源とされています。「御船形石」は航海安全のご利益があるスポットですが、おすすめは「挑戦したいこと」を心に思いながら石のまわりをまわること。成功に導かれます。

樹齢400年の桂

境内に並ぶご神木の桂《かつら》に宿る龍神は、どっしりとした安定感があり、不安な気持ちを安心感に変えてくれます。

「結社《ゆいのやしろ》」で永遠の愛を結ぶ

結社に宿る神さまは、イワナガミメノミコト（磐長姫命）。花の女神・コノハナサクヤヒメノミコト（木花咲耶姫命）の姉であり、永遠の中にある愛を表す岩の女神です。姉妹は一対になって愛し合う人間関係をサポートしてくれます。

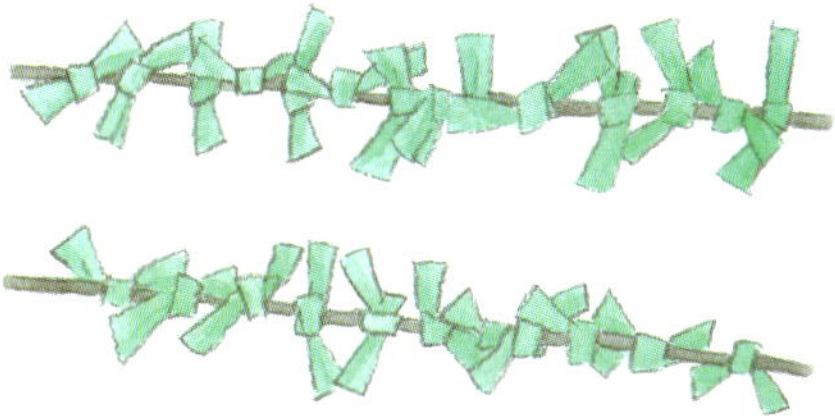

お参りを終えた後は、「結び文(むすびふみ)」にお願い事を書いて結びます

ほっとひと息

貴船倶楽部《きふねくらぶ》

営業時間：11:00 〜 17:30 ごろ
☎ 075-741-3039

貴船は坂を上りながら参拝するのでけっこう足が疲れます。そんなときは、本宮から徒歩約５分の貴船倶楽部でスイーツをいただきながら充電を。抹茶を使ったパフェがおすすめ。

おすすめ参拝ルート

本宮の参道の階段を上り、
桂のご神木と**本殿**を参拝

↓

ご神水に触れ、水占みくじをひく

↓

本宮裏の摂社末社を参拝（人通りが少ないのでゆっくりエネルギーをチャージ）

↓

社務所でご朱印をいただく
（本宮と奥宮の２種類いただけます）

↓

貴船川のせせらぎを聞きながら**奥宮**参拝

↓

結社参拝
（「結び文」にお願い事を書いて祈願）

京都

出雲大神宮《いずもだいじんぐう》

DATA 亀岡駅からバスで約15分
京都府亀岡市千歳町出雲無番地
☎0771-24-7799

ご朱印

出雲大神宮は「元出雲《もといずも》」と呼ばれる縁結びの神社です。出雲というと島根県の出雲大社を先に思い浮かべますが、出雲大神宮がある亀岡市には「出雲」という地名があるほか、『丹波國風土記』によると、出雲大社よりも古くからオオクニヌシノミコト（大国主命）をおまつりしていたと考えられ、「元出雲」という愛称で親しまれています。

神々が宿る山からパワーをいただく

境内に入ると社殿の裏にそびえる美しい山に心を打たれます。今では社殿が造られているので、私たちは拝殿から神さまに手を合わせることができますが、もともとは社殿というものはなく、古代の人々は山や川や岩に神さまが宿っていることを察知して信仰の対象としてきました。大自然の中に身を置くと、まるで魂全体を日光浴させるようなパワーを感じ、新しく生まれ変わるようです。

自然の中の神さまを五感で感じる

出雲大神宮を参拝するときは、本殿の参拝だけでなく、ぜひ本殿の奥にある「鎮守の杜」に足を延ばして。ご神木、ご神水の滝、磐座《いわくら》など、自然に宿る神さまのパワーを五感で感じて元気いっぱいになります。

「しあわせ なでうさぎ」は、
なでると幸福になれるそう

本殿の裏にある磐座(いわくら)は
強力なパワースポット
重さは約30トン!

龍神が宿る滝

「みかげの滝」は龍神が宿るといわれ、古くから信仰の対象になってきた場所。清らかな水の音を聴きながら手を合わせると、頭も心も洗われるようでスッキリします。滝から流れる水でパワーストーンブレスレットなどが清められます。

磐座群へ向かう参道

世界を創る神さまと約束する場所

出雲大神宮のパワーの源は、はるか昔、なんと二万年以上前から信仰の対象とされてきた「御影山《みかげやま》（ご神体山）」にあります。御影山に宿る神さま・クニノトコタチノミコト（国常立尊）を参拝できる「磐座群《いわくらぐん》」は、出雲大神宮でもっともありがたい信仰の場所。山に入るには、社務所にて受付をし、お清めのたすきを着用して参拝します。

途中の道には、神さまが宿る岩がいくつも点在しています。「ありがとうございます」と感謝して一礼して通りましょう。

一歩進むごとに自由に
軽やかになっていく感覚に

クニノトコタチノミコトは、天地が生まれたときに現れた偉大な神さま。世界が営みを続けるための土台を創る役割をしています。磐座群の前にくると、胸のあたりがジンジンと振動し、胸の奥にある命を司るスイッチがグイッと押されるよう。まずは手を合わせ、自分が生まれてきたことに感謝します。そして、勇気をもって成し遂げたいことを誓いましょう。

磐座群
しばらく歩いた先にある鳥居を
抜けると、一帯が磐座群です
美しい光にあふれています

奇跡のようなご縁を結ぶ「上《かみ》の社《やしろ》」

スサノオノミコト（素戔嗚尊）とクシナダヒメノミコト（櫛名田姫尊）のご夫婦神をまつる神社は多数ありますが、これほど美しい場所をほかに見たことがありません。まるで森の精霊があちらこちらに飛んでいるよう。同じ人生の目的を持った人どうしが結ばれ、ともに成長し、世の中に貢献できるようになる。そして、奇跡のような幸せを生み出していく。そんなありがたいパワースポットです。

光のシャワーを
感じて

ご神水「真《ま》名《な》井《い》の水」をいただく

真《ま》名《な》井《い》の水は、ミネラルがバランスよく含まれるおいしい水として知られており、各地よりペットボトルを持参して汲みにくる崇敬の方でいつも賑わっています。水の神さまに感謝してからいただきましょう。

煮沸すると
飲料にも使えます

おすすめ参拝ルート

鳥居手前にある**辨財天社**参拝

→ **本殿**（拝殿）参拝

→ 社務所でご朱印をいただき、
上の社より先を参拝するための
受付を済ませておく

→ **春口社**参拝（磐座に注目）、
稲荷社参拝

→ **みかげの滝**で龍神にごあいさつ

→ **上の社**参拝（恋愛運・家庭運アップ）

→ 磐座群（自信が湧いてくる！）

→ **笑殿社**参拝

→ **真名井の水**をいただく

→ 徒歩約３分の**黒太夫社**参拝

奈良

丹《に》生《う》川《かわ》上《かみ》神《じん》社《じゃ》下《しも》社《しゃ》

DATA 下市口駅からバスで約 20分
奈良県吉野郡下市町長谷 1-1
☎ 0747-58-0823

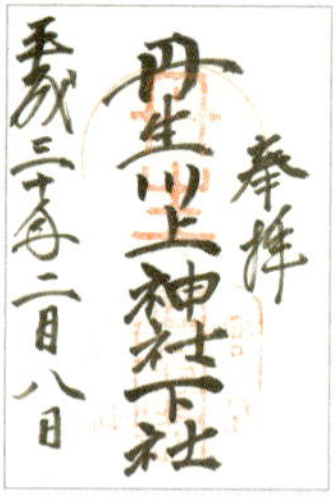

ご朱印

日本の初代天皇である神武《じんむ》天皇が苦境のときに、丹生川上で神さまの声を聞き、その教えに従って八百万《やおよろず》の神を日本で初めておまつりした聖地といわれています。奈良時代に天武《てんむ》天皇によって創建されました。

水の神さまをまつる神社としては日本最古の神社。吉野の山奥にあるため、アクセスがよいとは言えませんが、逆にそのことが丹生川上神社下社を今の形で伝え、また「行きたい」という思いを強くし、境内でさまざまな気づきを得られます。

山奥の水神さまに会いに行く

山から降りてくる風はまるで川の流れのように心の隅々まで洗ってくれるよう。空気の匂いや色、時間の流れが都会のそれとはまったく違うのが明らかです。心の荷物を降ろし、人としての本来の生き方にやさしく気づかせてくれるように感じます。

拝殿の奥に階段が！

神さまと人を結ぶかけ橋

まず驚くのは、拝殿から続く 75 段の階《きざはし》の先に本殿があること。参拝するときは、本殿を見上げる姿勢になります。社務所で正式参拝（水の神さまへの感謝の拝礼）の申し込みをすると、拝殿の奥に通していただけます。奥に進むと、一気に神さまの世界に入るような緊張感とすがすがしさをおぼえます。

本殿へと続く階段はまさに神さまと人を結ぶかけ橋！

75 段の階（きざはし）を上がり本殿の前まで行けるのは、毎年 6 月 1 日の例祭時のみ*1。年に一度のチャンスを心待ちに、全国各地から大勢の人が訪れます。

横から見るとこんな感じ
山の傾斜にそって階段がつくられています

例祭で本殿を参拝したあとは、神さまにお供えした品のお下がりをいただく直会《なおらい》が行われます。この日は「丹生《にゅう》めん」と「ほうの葉寿司」でした。

*1 階（きざはし）は平成 29 年から修復がスタート。階の下からの拝礼ができない日もあるので要確認。詳しくは、丹生川上神社下社の社務所までお問い合わせください。

訪れたことで
人生が大きく
好転していく参拝者が
数多くいます

宮司　皆見元久さん

宮司さまに会いに行く

参拝された際はぜひ宮司さまにお会いすることをおすすめします。美しい日本の心を伝える水先案内人のような宮司さまのお話は、心が楽になるヒントにあふれていました。

宮司さんに聞きました

Q　なぜ日本人は白黒つけないの？

A　「白黒つけない」という姿勢は、主張を持ち合わせていないからではなく、答えはあるけれど、それを言葉にして理屈で争うのではなく、お互いを「察する、感じる」ことで最善策を導こうとする心からきています。「言挙《ことあげ》せず（言葉で主張しない）」というのは神道で大切にされている精神です。
そもそも人の心や感情の真実というのは、言葉では言い尽くせないもの。だからこそ、感受性を磨き、相手の心を受け入れて、察し合えばいいのだという生き方は、卓越した感受性をもつ日本人の世界に誇れる美しい生き方です。

にふ川上

宮司さまのメッセージが
詰まった社報は
年に2回発行
拝殿や社務所にて
いただけます

Q　物事が思うように進まないときはどうすれば？

A　人生の最大の苦しみとは、思い通りにならないこと。人間関係においても、相手が期待はずれの行動をとれば、怒りや悲しみが湧いてくるものです。昔から、日本人はこの「思い通りにならない」局面を受け入れて、「自分自身が変化すること」を実践してきました。
どのように変化するのかというと、たとえば、思い通りに行かない局面で、理屈ぬきに手を合わせ「ありがとうございます」と唱える。このように「感謝」することによって、現実をしっかり受け入れることができ、思いもよらなかった次の扉（局面、解決法）がひらくのです。まわりを思い通りにしようと躍起になっている人のエネルギーはたまった水のように濁っています。自分のあり方を変え続けている人のエネルギーは非常にクリアで、川の流れのようにスムーズに人生がひらけていきます。

絵馬のルーツを知る

願い事を書いて神社に奉納する「絵馬」。なぜ「馬」という字が使われているかというと、古来、雨が止むことを祈るときは白い馬を、雨が降ることを祈るときは黒い馬を神さまに奉納する習わしがあったことに由来しています。馬は貴重な財でもあったので、馬を用意できない人は馬の絵が描かれた板に願い事を書いて神さまに奉げるスタイルに変化していったそう。拝殿では、馬を奉納する様子が描かれた絵を見ることができます。

水神宗社

境内では
白と黒の神馬(しんめ)に
会うことができます

名前は
白馬が「白龍」、
黒馬が「黒龍」

ご神水「いのちの水」

水の神さまが宿るご神水は「いのちの水」と呼ばれている名水です。社務所ではペットボトル入りのご神水「大峰山の名水」がいただけます。とてもやわらかな口当たりのお水で、お茶やコーヒー、料理にも使えます。

御神水

おすすめ参拝ルート

鳥居をくぐり**拝殿**へ
（社務所で申し込むとご本殿につながる
長い階段の下で参拝できます）

↓

ご神水「**いのちの水**」をいただく

↓

拝殿左手の**ご神木**（樹齢500年以上の欅）

↓

社務所でご朱印をいただく

↓

神馬にごあいさつ

静岡

富士《ふじ》山《さん》本宮《ほんぐう》浅間《せんげん》大社《たいしゃ》

DATA 富士宮駅から徒歩約10分
静岡県富士宮市宮町1-1
☎0544-27-2002

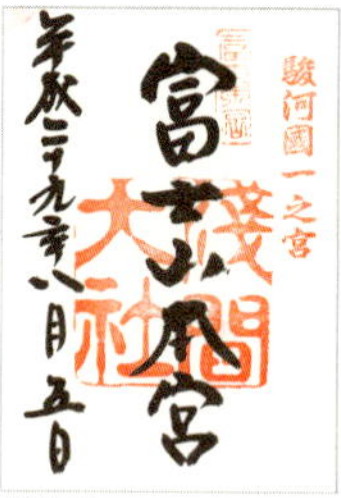

ご朱印

富士山本宮浅間大社は、日本一の霊山である富士山をご神体とする神社で、全国1300社ある浅間大社の総本宮です。境内には、富士山の雪どけ水が溶岩の間から湧き出した「湧玉池《わくたまいけ》」があり、国の特別天然記念物に指定されています。年間を通して水温に変化がないこの池の水で洗った水晶はあっという間にピカピカになるほど浄化パワーがあります。

女性を幸せに導く パワーをたたえた聖地

富士山を背景に500本以上の桜が咲き誇る景色は、日本一美しい女神として名高い「コノハナノサクヤヒメノミコト（木花之佐久夜毘売命）」のエネルギーそのもの。あまりの美しさに圧倒されます。女性が幸せになるためのパワーはすべてここにあると言っても過言ではないすばらしい聖地です。

コノハナノサクヤヒメ
桜の花にたとえられることが
多い可憐な女神

富士山を守る美しい女神

富士山本宮浅間大社には、コノハナノサクヤヒメノミコト（木花之佐久夜毘売命）をはじめ、夫のニニギノミコト（瓊瓊杵尊）、父のオオヤマヅミノカミ（大山祇神）がまつられています。コノハナノサクヤヒメをまつる神社に足を踏み入れると、ふんわりと風が頬をなで、どこからともなく花の香りがやさしくただようように感じます。

コノハナノサクヤヒメが父から出産祝いとして受け取ったのが、なんと富士山。このことから、コノハナノサクヤヒメは富士山の守り神といわれています。

二之鳥居前から撮影すると
富士山と朱色の鳥居の
コントラストが美しい！

絵馬にも富士山が
描かれています

やさしい温もりに包まれた本殿へ

本殿は2階建てになっているのが特徴。「浅間造」と呼ばれる全国にも数社しかない珍しい構造で、富士山本宮浅間大社のほかには多摩川浅間神社（P142）などがあります。雲の上にそびえる富士山を表しているような気品のある姿です。

国指定特別天然記念物
富士山御霊水
湧《わく》玉《たま》池《いけ》

湧玉池《わくたまいけ》で心と体を清めよう

富士山の湧き水が汲める湧玉池。二礼・二拍手・一礼し、感謝の気持ちを伝えてからいただきます。

飲む場合は煮沸してからなので、私はペットボトルにご神水をいただき、頭頂部に少量のお水をつけたり、腕や足に化粧水のようにつけたりしています。

仲睦まじいカモの
カップルが！

たくさんの注ぎ口が
並んでいます

天神社で仕事運を高める

境内の中で一番鋭いパワーを感じる場所は、湧玉池の奥にある「天《てん》神社」。本殿の前に立つと、宇宙とつながってインスピレーションが降りてくるような感覚をおぼえます。とくに仕事で成功したいときは、ここで祈願すると大きな力をいただけます。

天神社

橋を越えて厳島神社へ

湧玉池にかかる朱色の橋を渡ると厳島《いつくしま》神社があります。ご祭神はイチキシマヒメノミコト（市杵嶋姫命）。新しい仕事、新しい人間関係を応援してくれるエネルギーを感じます。新しい環境に入るときの緊張を和らげてワクワク楽しめるように導いてくれます。

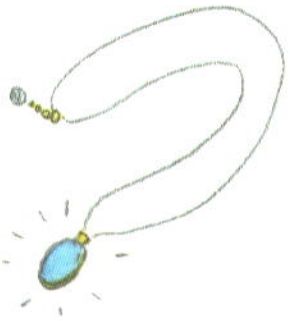

スカイブルー色を身に着けるなら、
喉の近くがおすすめ
「コミュニケーションが上手になる」
「喉の調子がよくなる」といわれています

神社の「色」を感じよう

神社で感じるエネルギーは、神社ごとにそれぞれ違いますが、各社のエネルギーを「色」にたとえてみると、お参りがより楽しくなります。私が感じた富士山本宮浅間大社の色は、スカイブルー。さわやかに澄みきった空と清らかな水が流れている、そんな美しいエネルギーを感じます。

おすすめ参拝ルート

二之鳥居からスタート
（朱色の鳥居越しに富士山がきれいに見えます）

↓

楼門をくぐり**本殿**（拝殿）参拝（正面から参拝した後は、横から浅間造の２階建ての本殿をチェック。その後，本殿の裏から参拝）

↓

社務所にてご朱印をいただく

↓

湧玉池（水屋神社）でご神水に触れる

↓

天神社、**稲荷神社**、**厳島神社**へ

おみくじは
コノハナノサクヤヒメの
形に折ってあります
かわいい!

コラム

神話を知ると、もっと楽しくなる！

日本の神さまは、名前を見ればその個性がわかるといわれています。たとえばコノハナノサクヤヒメは「木の花が咲く」、つまり木に宿りお花を咲かせる＝人の魅力を開花させる神さまということ。そんなやさしくてかわいいお花の女神さまですが、実は神話の中ではそのイメージからは想像できない一面を垣間見ることができます。

『古事記』よりコノハナノサクヤヒメの出産シーン

ニニギノミコトと結ばれたコノハナノサクヤヒメは、一夜にして子どもを授かりますが、ニニギノミコトは「本当に私の子なのか？」とコノハナノサクヤヒメに疑いをかけます。疑いをかけられたコノハナノサクヤヒメは産屋に立てこもり、出口をふさいで産屋に火を放ち、こう告げます。「もしお腹の子があなたの子どもであれば、無事に生まれてくるでしょう」。そうして、コノハナノサクヤヒメは無事に男の神さまを生み、不義の疑いを晴らしたのです。

『古事記』や『日本書紀』という古くから伝わる日本の神話を読むと、神さまが人間のように感情をあらわにして生きている姿がどこか滑稽でもあり、共感できる部分もあって、神さまが一気に身近に感じられます。気軽に触れてみるのがおすすめです。

四章

参道で癒やされる

神さまに会いに行くまでの道のりである参道を楽しめれば、お参りは何倍もおもしろくなります。はじめて参拝する神社では、石畳の雰囲気やご神木の大きさや気配、鳥のさえずりや空の色までも、できるだけ感覚を研ぎ澄ませて感じるようにします。よく訪れる神社の場合は、参道をゆっくり歩きながら、前回お参りしたときからの自分の変化や成長を振り返るようにします。すると、見慣れた参道はいつしか心象風景になっていきます。

石川県にある白山《しらやま》比咩《ひめ》神社の参道は、春がおすすめ。やさしいエメラルドグリーンのじゅうたんのような苔道を歩きながら、長老のような老杉や妖精のようにかわいらしい切り株、そして滝まで望めます。まるで神聖な空間の中でハイキングをしているかのようなワクワク感。ゆるやかな上り道になっている参道は楽しくて、いつまでもこの場にいたいと感じます。

世界遺産に登録されている京都の下鴨神社の参道には、「糺《ただす》の森」と呼ばれる美しい森が広がっています。美しい自然という緑のシャワーを浴びながら、心までも洗われていくよう。深呼吸しながら歩けば心は自然に明るいほうへ向いていくので、生まれ変わるような喜びがあります。

茨城県の息栖《いきす》神社は、ときどき猫に出会える参道。みゃーみゃー鳴く子猫があまりにもかわいらしくて、通常であれば5分で歩ける参道で1時間も過ごしたことがあります。おかげで、息栖神社の神さまからたくさんパワーをいただき元気になりました。

参道は季節や気候などさまざまな要因で行くたびに変化するのがおもしろいところ。参道で起こることは、その日、神社をさらに楽しむための神さまからの贈り物なのかもしれません。

神社参拝は、そこで経験したすべてが愛おしい思い出。神さまに出会うまでの道のりを、どうぞワクワクしながら味わってください。

石川

白《しら》山《やま》比《ひ》咩《め》神《じん》社《じゃ》

DATA 鶴来駅からバスかタクシーで約5分
石川県白山市三宮町ニ 105-1
☎ 076-272-0680

ご朱印

緑色に輝く参道でワクワク感が目覚める

白《しら》山《やま》比《ひ》咩《め》神《じん》社《じゃ》は、全国に3000ほどある白山《はくさん》神社の総本宮。古くから神さまが宿る山として信仰を集めてきた白山をご神体とする北陸を代表するパワースポットです。木漏れ日の中でエメラルドグリーン色に輝く苔《こけ》むした参道はとても美しく、木の精霊が見えるのでは?と思えるほど。ハイキング気分でこれほど心を弾ませて歩ける参道にはなかなか出会えません。

ご祭神は、ククリヒメノミコト（菊理媛尊）。大げんかしていたイザナギノミコトとイザナミノミコト夫婦を仲直りさせたことから、「ご縁を結ぶ」「解決に導く」女神として知られています。ワクワクしながらご縁を結べば、うれしい幸せがやってきます。

緑の参道を歩きながら心を洗う

「一の鳥居」をくぐると、橋の向こうに苔《こけ》のじゅうたんを敷き詰めたような参道が伸びています。その美しさは思わずしばらく立ち尽くしてしまうほど。ずらりと並ぶご神木、清らかな流れで目にも耳にも心地よい「琵琶滝《びわたき》」、鳥のさえずり……歩くほどに心がうれしさで満たされていきます。

琵琶滝
表参道のちょうど半分あたりの場所、
左手にあります

「二の鳥居」の手前には
ひときわ大きな老杉のご神木
長老がほほえみかけてくれるような
やさしいエネルギーを感じます

揺らいだ自信を取り戻す

本殿では、ククリヒメノミコトの大きな愛情が感じられ、「自分の思いを素直に表現しなさい」「自分を卑下せず、大切にしなさい」と背中を押してくれます。迷っているとき、自信がないときはここで大きな安心感と勇気をもらえます。

絆をつなぐ
チームをつくる

ご祭神のククリヒメノミコトは、国生みの偉業を成し遂げた夫婦イザナギノミコトとイザナミノミコトを仲直りに導き、二神がより深い絆で結ばれるきっかけを作りました。ククリヒメノミコトは、「くくり」という名前から、「縁をくくる（結ぶ、固く結ぶ）、絆を深める」、そして「腹をくくる」という覚悟を芽生えさせる神さまです。

ククリヒメノミコト
全国の白山神社に
まつられています

右から、
イザナギノミコト、
ククリヒメノミコト、
イザナミノミコト

本殿の隣にある「三本杉」は、三神が寄り添うように立ち、私たちが大切な家族や恋人と絆を深めていく知恵を与えてくれます。大切な人とさらに絆が深まるように、また、これからすばらしい仲間やチームができるようにお祈りしましょう。

奥宮遥拝所

神さま、ご先祖さまと
絆を深める

「奥宮遥拝所《おくのみやようはいしょ》」は、白山比咩《ひめ》神社の奥宮がある御前峰《ごぜんみね》の頂上を遥拝できるようになっています。鳥居の奥の３つの石は、白山の３つの峰であ御前峰《ごぜんみね》（中央）、大汝峰《おおなんじみね》（左）、別山《べつざん》（右）を表すように鎮座しています。この前に立つと、お腹が熱く感じられ、自然と感謝の気持ちがあふれてきます。

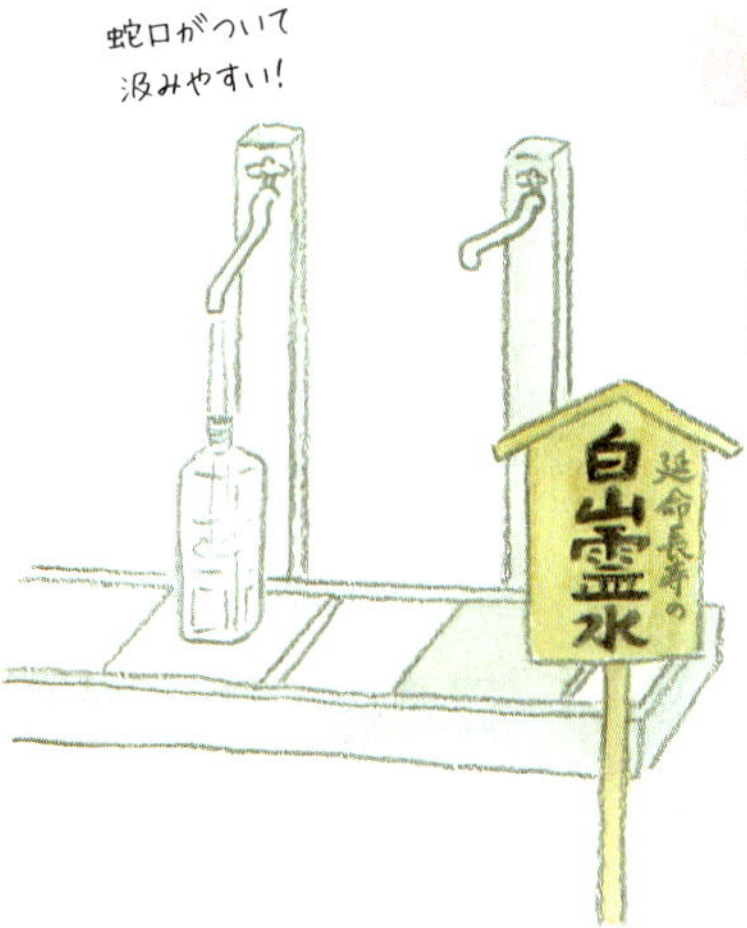

延命長寿の「白山霊水《はくさんれいすい》」

北参道の手水舎横には、白山の伏流水が湧き出ています。延命長寿のご利益があり、遠くから汲みにくる人も。ペットボトルに入れて持ち帰れます。

おみくじと絵馬を結ぼう

おみくじを結ぶ場所が「雪吊り」になっているのは、雪の多い北陸ならではです。

おすすめ参拝ルート

一の鳥居から表参道へ。ご神木並木を楽しむ

↓

二の鳥居の手前の**老杉のご神木**にごあいさつ

↓

階段を上がると
大ケヤキのご神木が迎えてくれる

↓

神門をくぐり**本殿（拝殿）**に参拝。
三本杉のご神木参拝

↓

奥宮遥拝所

↓

摂社参拝

↓

ご朱印をいただく

魔除けを表す朱色の糸でくくられた絵馬。どんな絆を願っているのかを書いてククリヒメに伝え、サポートしてもらいましょう。

三重

椿《つばき》大《おお》神《かみ》社《やしろ》

DATA　四日市駅からバスで約1時間
三重県鈴鹿市山本町1871
☎059-371-1515

新しいチャレンジを応援し、導いてくれる神さま

〝みちびきの神〟として知られるサルタヒコノオオカミ（猿田彦大神）をまつる神社の総本宮である椿大神社。鈴鹿の山奥にある知る人ぞ知るパワースポットです。

　サルタヒコノオオカミは、天孫降臨＊1の際に道案内をした神さま。境内の別宮「椿《つばき》岸神社《ぎしじんじゃ》」には、妻である女神アメノウズメノミコト（天之鈿女命）がまつられており、夫婦そろって人々を幸せへ導いてくれます。

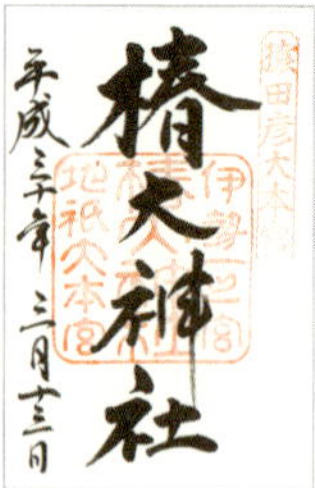

ご朱印

　境内ではたくさんの龍神の気配を感じます。「ここまでのお導きありがとうございます。これから先もどうぞよろしくお願いいします」と伝え、龍神さまから夢を叶える力を受け取りましょう。新規事業の成功、旅先での安全など、新しいことにチャレンジしたい人を後押ししてくれます。

参道でぐっと背中を押される感覚を感じて

参道は、ゆるやかな上り坂になっているにもかかわらず、まるで背中を押されるように足が前へ前へと進みます。ご祭神のサルタヒコノオオカミが、新しいことにチャレンジする人を応援してくれている力です。歩いていると、いつしか心の中の不安は消え、どんどん勇気が湧いてくるから不思議。

参道の風と樹に宿る神さまが
背中を押してくれます

「御船磐座《みふねのいわくら》」は、天孫降臨[*1]の神さまを乗せた船が着いた場所。新しいチャレンジ（転居や新規事業など）の成功をお祈りします。

御船磐座（みふねのいわくら）
船の形に石が組まれています

たくさんの不思議な石

巨石が多い椿大神社の境内。本殿手前の階段には不思議な石があります。石段の右側にある石は、なんと「本殿に向かってお祈りしている女性」の姿！

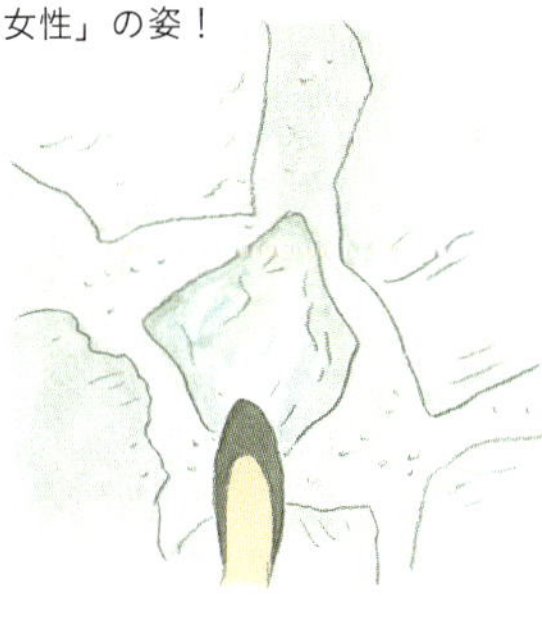

石段の2段目にある
“宇宙とつながる石”
ここに立つと、
頭頂部は宇宙につながり、
足裏は大地につながり、
体の軸がまっすぐ整います

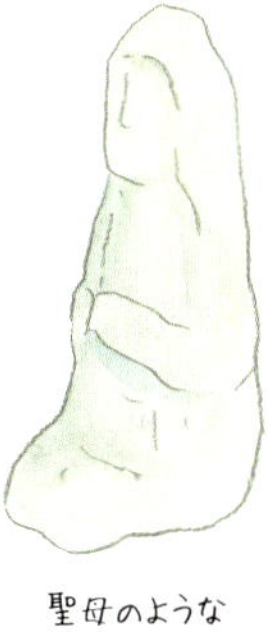

聖母のような
やわらかく清らかな
エネルギーをたたえた石
天然のままの石だそう

＊1 天孫降臨……日本神話において、ニニギノミコトら一行が、高天原（天上界）から高千穂峰（地上界）へ天下ったこと。その道案内役を引き受けたのがサルタヒコノオオカミ。ここを中継地点としてニニギノミコトらを宮崎県の高千穂まで案内したとされます。

龍の力を借りて新しい扉を開く

新しいチャレンジをするときは、誰でも不安になるもの。椿大神社には、いたるところに龍神のパワーを感じられる場所があり“みちひらき”をサポートしてくれます。

鳥居の手前にある庚龍(かのえりゅう)神社
金龍、白龍、黒龍の龍神がまつられています
朝日を浴びると金色に!

かなえ滝
龍神が力を込めて
滝の水を流してくれて
いるように感じます

センスを磨いて人気運をアップ

別宮「椿岸神社《つばきぎしじんじゃ》」は、きらびやかで美しいエネルギーを感じる場所。サルタヒコノオオカミの妻・アメノウズメノミコトがまつられています。芸能上達の神さまであることから、芸能人も多数参拝しています。良縁・家庭円満のご利益もあります。

招福の玉
(しょうふくのたま)
3回なでます

神招福臼
(かみおぎのふくうす)
福杵で3回たたいて
お祈りします

手水舎のカエル

カエルを見つけよう

境内にはカエルがいっぱい！これほどたくさんのカエルに出会える神社も珍しい。なぜこんなにカエルがいるかというと、カエルはサルタヒコノオオカミのお遣いといわれているから。また、カエルには生命力と甦る力があるからだそう。

「椿みくじ」は、
椿の形に折って
あるおみくじ

かなえ滝のカエル

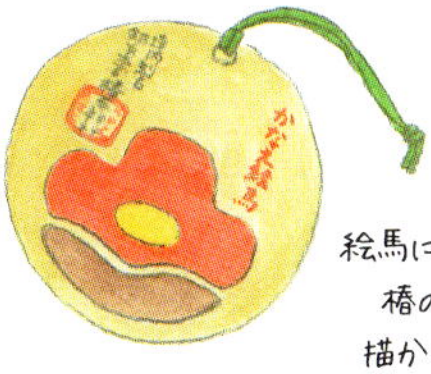

絵馬にはかわいい
椿の模様が
描かれています

おすすめ参拝ルート

鳥居の手前にある**庚龍神社**へ
金の龍神さまが宿るご神木にお祈りを

- ➔ 鳥居をくぐると手水舎。カエルがお出迎え
- ➔ 参道の途中にある**御船磐座**、**恵比寿・大黒**、**高山土公神陵**に感謝を捧げながら進む
- ➔ 本殿を参拝（石段にも注目。ご朱印は社務所にて。椿岸神社のご朱印もここで）
- ➔ **椿岸神社**へ。**神招福臼**を3回たたき、かなえ滝、招福の玉、扇塚にお参り
- ➔ 茶室「鈴松庵」でお抹茶をいただいて休憩
- ➔ **椿立雲龍神社**で無事にお参りできたことを感謝

ほっとひと息

茶室 鈴松庵《れいしょうあん》

営業時間：9:00～17:00
☎ 059-371-1515

松下幸之助氏が茶道の発展を祈念して寄贈したお茶室。静かな空間で心休まる時間を過ごせます。かなえ滝の近くにあります。

京都

下鴨神社《しもがもじんじゃ》・河合神社《かわいじんじゃ》

清らかな小川が流れる神秘の森

DATA 出町柳駅から徒歩約 12分
京都府京都市左京区下鴨泉川町 59
☎ 075-781-0010

下鴨神社に何度も訪れたくなる理由は、表参道の「糺《ただす》の森」にどうしても惹かれるから。鳥のさえずりや川のせせらぎを感じる新緑のトンネルが本殿までまっすぐ伸びて、歩くだけで癒やされる抜群のセラピースポットです。「糺《ただす》」には、「人の心を正す、争いや偽りを正す」という意味があり、『源氏物語』でも光源氏が下鴨神社を遥拝し、「憂き世をば 今ぞ別るる とどまらぬ 名をば糺の 神にまかせて（辛い世の中を今こそ離れるが、都に残る自分の噂の真偽は糺の神に委ねます）」と詠んでいます。人の前でいくら嘘がつけても、美しい自然の前ではなぜか嘘がつけないもの。「糺の森」はまさに神さまがつくった、心を正すための浄化のトンネル。五感を使うように歩くと、凝り固まっていた頭と心がふっとゆるむのです。

ご朱印

美人になれる河合神社

下鴨神社第一の摂社である河合神社には、日本一の美麗神であるタマヨリヒメノミコト（玉依姫命）がまつられています。神武天皇を立派に育てられた母でもある美しい海の女神さま。河合神社では、このタマヨリヒメノミコトの美しさと幸福感をシャワーのように浴びることができます。

河合神社の拝殿には
美しい鏡がまつられています

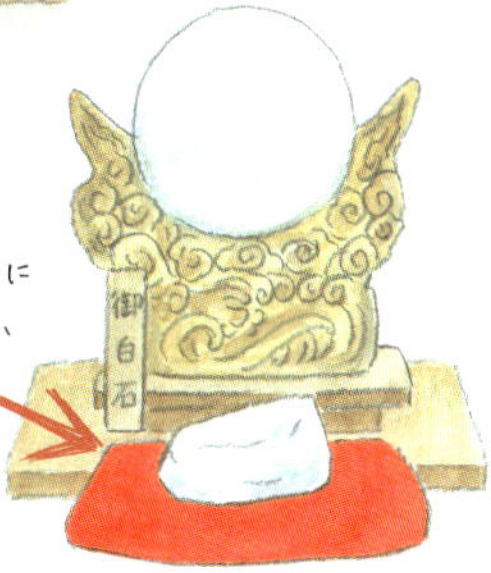

鏡の前にある御白石(おしらいし)に
触れた手で自分の顔に触れると、
白く美しい肌になれるそう

鏡の前では、軽く会釈をしてから二礼します。鏡をまっすぐ見つめ、鏡の中にいる神さまと目を合わせて二拍手します（鏡に映る自分の内側に神さまがいると想像してください）。「ありがとうございます」と感謝して最後に一礼します。

下鴨神社で採れる
カリンの実から
抽出した美人水
美肌効果も!

境内とご神木を参拝した後は、社務所で美人水をいただきましょう。

自分のメイク道具で
お化粧します

鏡の前で参拝した後は、「鏡絵馬」の奉納を。文字通り鏡の形をした絵馬にお化粧し、裏面に祈願したいことを書きます。

内に秘めた力が湧き出る下鴨神社

表参道を抜けると現れる高さ30メートルの立派な楼門《ろうもん》。この門をくぐるとそこは、まるで命が湧き出る井戸のようなパワーがみなぎる場所。ご祭神は、カモタケツヌミノミコト（賀茂建角身命）とその娘であるタマヨリヒメノミコト（玉依媛命）。カモタケツヌミノミコトは、神武天皇が熊野から吉野に入られる際、ヤタガラスに身を代えて導いた神さまです。このことから「導きの神」として人生を正しい道に導くご利益があるといわれています。

本殿にお参りする前に、「井上社（御手洗社）」にお参りを。心身が清らかになります。社殿の前には「御手洗池《みたらし》」が広がり、池に湧き上がる水泡をモチーフに作られたお団子が「みたらし団子」の発祥といわれています。

みたらし池

みたらし団子

摂社である「出雲井於神社《いずもいのうえ》」は、足元からじりじりと力がみなぎってくるようなエネルギーを感じる場所。とくに仕事のことについて祈願すると力をいただけます

「水みくじ」をみたらし池にひたすとメッセージを受け取れます

周辺の木の葉はすべてギザギザ（ひいらぎ）比良木（ひらき）社とも呼ばれています

楼門を出てすぐ
のところにあります

古代の祭祀場《さいしじょう》跡をめぐろう

下鴨神社の境内には古代の祭祀場の遺跡が数多くあります。なかでもおすすめなのは、「奈良殿神地《ならどのかみのにわ》（船島）」。訪れる人は少ないのですが、古代からの祈りが今もなお続いているような温かくてやさしいパワースポットです。

途中で
1本に!
連理《れんり》のさかき

よい出会いを後押ししてくれる「相生社《あいおいしゃ》」

南口鳥居と楼門の間にある「相生社」は、縁結びのご利益で知られる下鴨神社の末社。ご神木「連理《れんり》の賢木《さかき》」は、2本の木が途中から1本に結ばれている不思議な木です。願い事を書いた絵馬を持って木のまわりを2周まわり、3周めの途中で絵馬を奉納します。

おすすめ参拝ルート

表参道の**糺の森**
（鳥のさえずりを聴きながら歩こう）

↓

河合神社（鏡絵馬や美人水を楽しんで）

↓

相生社（連理の榊で縁結び祈願）

↓

井上社（御手洗社）の後、**本殿**を参拝

↓

一言社・**二言社**・**三言社**
（自分の干支が書かれたお社をお参り）

↓

社務所でご朱印をいただく

↓

出雲井於神社、**奈良殿神地**
（古代から続く祈りの森で癒やされて）

かわいい和紙の
デザインいろいろ
お財布にも入るサイズ

相生社の隣にある社務所でいただける「むすびまもり」は、結びたいご縁（人間関係・就職など）に関する物を入れて持ち歩くお守り。

三重

瀧原宮《たきはらのみや》

DATA 滝原駅から徒歩約20分、名古屋「名鉄バスセンター」から高速バスで約2時間　三重県度会郡大紀町滝原872
☎0598-86-2018

神さまの気配を感じる聖なる森

その昔、宮中におまつりされていた「アマテラスオオミカミ（天照大御神）」が現在の皇大神宮《こうたいじんぐう》（P61で紹介している内宮《ないくう》）に永住の地を決めるまで、20か所を超える場所でまつられていました。そのひとつが瀧原宮です。それだけに瀧原宮は、内宮の雰囲気をギュッと凝縮したようなエネルギーを感じる場所。また、内宮よりも参拝者が少ないことから、神さまの気配を強く感じる人里離れた森に来たような思いがして胸が熱くなります。

春には鳥居そばにある
八重桜がきれい！

ここはまさに、ひとりで訪れるための神社。日常の世間話などをするにはもったいないほど清浄な空間なので、ぜひ五感をフルに使って境内を歩いてください。身も心も魂までもスッキリと浄化され、愛情に満ちた幸せな自分に出会えます。

聖なる森で幸せになる

鳥居をくぐると太古の昔からここに棲む神さまに迎えられたようなありがたさを感じます。私たちは、何か良いことがあったから感謝するのだと思いがちですが、この森を歩いていると、感謝する対象などはそもそも必要なく、ただ「ありがたさ」を感じ続けていることが幸せの基本であることに気づきます。

境内を流れる頓登川《とんとがわ》は、水の透明感と音色が体の隅々まで清めてくれます。やさしくて気高い神さまが見守ってくださっているよう。参道の途中にある橋を越えたところに、「御手洗場《みたらしば》」があり、手を清めることができます。

水のきれいなこと!
パワーストーンの
ブレスレットもキラキラに!

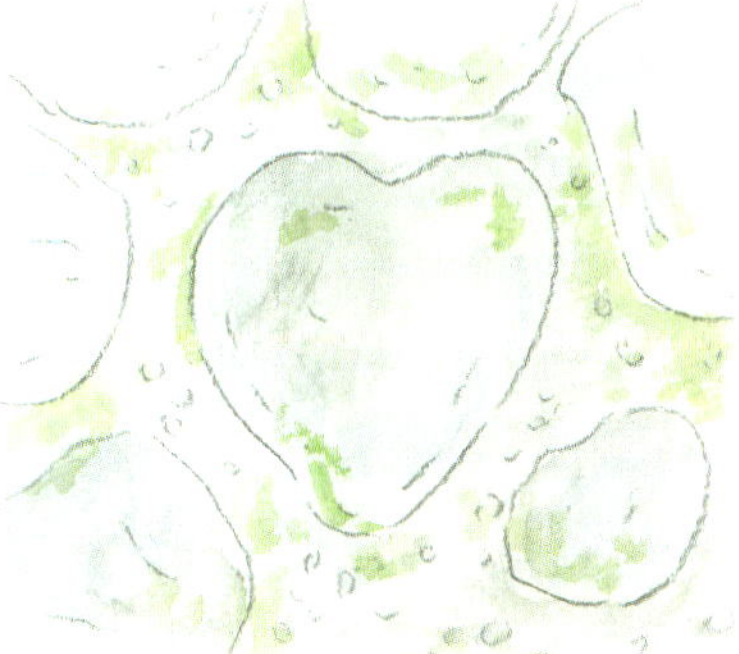

御手洗場の石段にはかわいいハート形の
石がふたつあります
ぜひ探してみて!

最高にバランスがとれた状態になるパワースポット

参道を抜けると現れる美しい社殿には、芯の強さを秘めた美しい女神さまがいらっしゃるのを感じます。ここに来ると、社殿の間にあるご神木のように自分の軸がしっかり定まり、ポジティブにもネガティブにも偏りすぎない「中庸」の感覚をおぼえます。自分にちょうどいい感覚が得られて、心が素直になるのです。

右側が瀧原宮《たきはらのみや》、
左側が瀧原竝宮《たきはらのならびのみや》
ふたつのお宮の間に立つ
ご神木は堂々たる存在感で
目を引きます

瀧原宮《たきはらのみや》は、アマテラスオオミカミの和魂（神様の穏やかな面）を、瀧原竝宮《たきはらのならびのみや》は荒魂（神さまの勢いある面）がおまつりされています。やさしさと激しさの真ん中に立つご神木の前で手を合わせることで、両極のバランスが整い、自分の軸がしっかりするご利益があります。

おすすめ参拝ルート

御手洗場

↓

瀧原宮

↓

瀧原竝宮

（瀧原宮との間にあるご神木の前で深呼吸を）

↓

若宮神社（少年のようなかわいらしさ）

↓

長由介神社（地に足がつくような安定感。神さまに感謝をささげて）

境内には、瀧原宮の所管社《しょかんしゃ》である「若宮《わかみや》神社《じんしゃ》」と「長由介神社《ながゆけじんじゃ》」があります。このふたつの社では、おおらかに自由になった気持ちをしっかり安定させてくれるような感覚をおぼえます。まわりから応援されていること、大切にされていることにあらためて感謝したくなるような場所です。

若宮神社
少年のようなかわいらしさ

気になるキホン Q&A

Q 神さまに悩みは相談して大丈夫？

A つらいことや悲しいことを聞いてもらうのは大丈夫です。聞いてもらった後は心の荷物をひとつ下ろしたように軽くなるのを感じるでしょう。ただし悪口や噂話をするのはやめましょう。悩みながら成長する人を神さまはしっかりと応援してくれます。解決したときは神さまにお礼参りを忘れずに。

Q ご神木は触ってもいいの？

A ご神木は近くにいるだけでパワーをいただけるので、触れなくても元気になれます。どうしても触れたいときは、ご神木の前でごあいさつした後、根を踏まないように注意して近づき、やさしく触れましょう。ただし、まわりに柵がしてある場合は触れてはいけません。ご神木を傷つけることは絶対にNGです。

Q お守りって、どういうもの？

A お守りひとつずつに神さまが宿っていて、日常生活で気軽に携帯できる神さまのパワーです。悲しいときや困ったときにお守りに触れると、神さまの温かい愛情が感じられて安心します。半年から1年で新しいお守りをいただきましょう。古いお守りは別の神社にお返しをしても大丈夫です。

Q おみくじでよくない運勢が出たら？

A 本来、良い・悪い運勢というものはありませんが、大吉を引くとうれしいし、凶を引くとがっかりするもの。大切なのは、メッセージの内容から「気づく」こと。ひとつでも気づいたらどんなおみくじでも大吉です。何度も読み返したいときは持ち帰り、そうでない場合は所定の場所に結んで帰りましょう。

茨城

息《いき》栖《す》神《じん》社《じゃ》

DATA　小見川駅からタクシーで約 10分
茨城県神栖市息栖 2882
☎ 0299-92-2300

目標の実現まで安全に導いてくれる

鹿島神宮、香取神宮とともに東国三社《とうごくさんしゃ》として知られる息栖神社。お伊勢参りが大流行した江戸時代には、関東以北に住む人は伊勢神宮の後に「下三社参り」といって東国三社を参拝する習慣があったそうです。一之宮《いちのみや》である鹿島神宮と香取神宮に比べるとこぢんまりしていますが、すばらしいエネルギーがギュッと詰まった神社です。

日本三霊水のひとつが湧き出る「忍潮井《おしおい》」という井戸をご神体にしているのも珍しい点。本殿から少し離れた利根川沿いに井戸があります。この井戸は、海水が混じる場所にありながら真水が湧き出しているため、古くから生活用水として重宝されてきました。勢いあるパワーで、目標がある人をゴールまで導いてくれます。

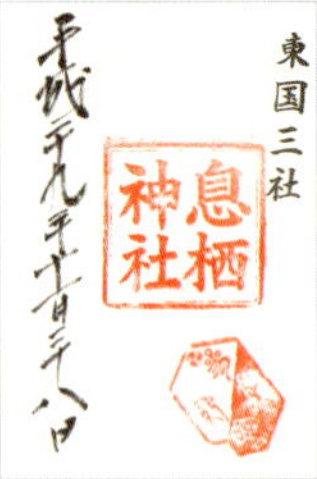

ご朱印

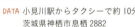

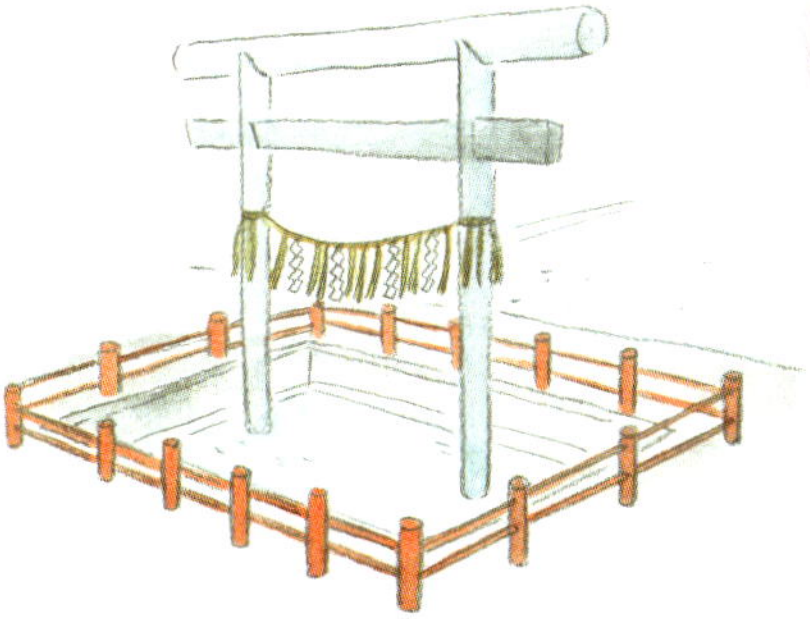

井戸の中をのぞくと
自分がまだ気がついていない
本音に気づけるそう

神さまが宿る ふたつの井戸

息栖神社めぐりは、「一の鳥居」からスタート。大きな鳥居の両脇にふたつある小さな鳥居の下には、それぞれ「男瓶《おがめ》」と「女瓶《めがめ》」という井戸（忍潮井《おしおい》）があります。ここから本殿の方向に体を向けて、ご祭神のクナドノカミ（久那戸神）とアメノトリフネノカミ（天乃鳥船神）に目標や夢を伝えましょう。クナドノカミは道案内と厄除《やくよ》けの神さま。アメノトリフネノカミは神さまを乗せる船であり、目的地まで安全に運んでくれます。

落ち着いた空気の中で ゆったり過ごす

目標や夢を思い描きながら、本殿に向かってまっすぐ伸びる参道を歩くと、大きな鳥の背中に乗っているようなワクワク感をおぼえます。本殿についたら、あらためて神さまの前で夢の実現を誓いましょう。

みゃーみゃー鳴きながら
甘えてくる姿が
とってもかわいい！

神社めぐりをしていると、ご神職の方からお話を伺ったり、地元の方と会話を交わしたりして、予定よりも長く滞在することがあります。それは、「この神社とご縁がありますよ」という神さまからのサイン。自分にとってご縁の深い神社となります。息栖神社は猫に会える確率が高い神社。この日もかわいい子猫に出会いました。

コラム

龍神さまのことを知る

龍神さまは、神さまの種類のひとつ。とてもエネルギッシュで勢いがある神さまです。

神社の手水舎で、龍の口からお水が出ているのを見たことがある人は多いと思います。龍神さまは、日本では古代から、お水を司る神さまとして信仰されてきました。川や雨や海の水に宿り、人々の安全な暮らしを支えてくれたり、農業や漁業を助けてくれたりする生活の守り神です。

龍神さまは、目標を決めてがんばっている人をスピーディに成功まで導いてくれる存在でもあります。神さまは私たちが幸せになるように導いてくれますが、行き先を勝手に決めて背中を押してくれるわけではありません。人生の行き先を決めるのは、やっぱり自分自身。自分にとっての幸せを思い描いて、今できることをひとつずつ行動することが何より大切なのです。

龍神さまは、「よし、がんばるぞ！」と前を向いた人のもとへやってきて、ベストな変化をもたらし、まるで龍の背中にのせて運んでくれるような安心感で包み込みながら、成功まで導いてくれます。

五章

神事・イベントを楽しむ

自分の好きなタイミングでのんびりとお参りするのもいいですが、ときどきご神事に参加してみると、神さまをより身近に感じられたり、新たな神社の魅力を発見できたりします。

ご神事というのは、神さまに関する儀式のこと。神職さんや巫女《みこ》さんによって行われる日々の祝詞奏上《のりとそうじょう》や神楽《かぐら》から、新嘗祭《にいなめさい》、祈念祭《きねんさい》といった年間行事まで多くの種類がありますが、まずは一般の人も楽しめるように工夫されているものから参加してみるのがおすすめです。

たとえば、宮崎県の高千穂《たかちほ》神社で毎晩20時から行われている「高千穂神楽」。「神楽の楽しさを知ってほしい、高千穂の文化に触れてほしい」という地元の方の熱意がこもった神楽は、多いときは２００名を超える観光客で賑わう盛況ぶり。参加者を巻き込んだコミカルな展開が用意されていることもあり、笑いながら神さまとの距離が近づいていく1時間が味わえます。

大阪の枚岡《ひらおか》神社といえば、毎年12月に行われ、全国から約４０００人が集い「あっはっはー！」と20分間大笑いする、通称「お笑い神事」が有名。一年の出来事に感謝して笑い合うことで、福を呼び込み開運を祈願するというご神事は、誰でも楽しく参加できるのがうれしいです。

さらに枚岡神社では「巫女研修」も人気。「日本人の美しい心や所作を育み、礼儀作法を次の世代にも伝えていってほしい」という思いから開催されているため、年齢制限がなく、なんと小学2年生から95歳までの女性がこれまで参加されています。祝詞を奏上したり、巫女舞を奉納したり、滝行をしたりと、日常では決して味わえない巫女体験は貴重な思い出になること間違いありません。

ご神事に参加することは、おもしろくて神秘的な神さまの世界を垣間見るすばらしい経験になるでしょう。最初からすべてを理解しようと気負わずに、まずは感謝の気持ちをもって楽しむことからはじめてみて。以前は遠くに感じていた神さまの大きな愛情がすぐそばに感じられるようになるかもしれません。

宮崎

高千穂《たかちほ》神社《じんじゃ》・天岩戸《あまのいわと》神社《じんじゃ》

人生をまるごと変える秘境

DATA **高千穂神社**　高千穂バスセンターから徒歩約15分／宮崎県西臼杵郡高千穂町大字三田井1037　☎0982-72-2413
天岩戸神社　高千穂バスセンターから路線バス約20分／宮崎県西臼杵郡高千穂町大字天岩戸1073-1　☎0982-74-8239

一度目にすると心の中にパワースポットができるほど、強烈な神々しさを放つ高千穂《たかちほ》峡《きょう》。天孫降臨《てんそんこうりん》＊1や天岩戸《あまのいわと》神話の舞台となっている高千穂神社・天岩戸神社を参拝すれば、まるで神さまの世界に溶け込んでしまったかような感覚を味わえます。

ご朱印

とくに、高千穂神社の神楽《かぐら》殿《でん》で毎晩20時から奉納される「高千穂神楽《たかちほかぐら》」は高千穂に伝承される神楽の中から代表的な四つが公開される人気のご神事です。遠く離れた場所なので、行くには「えいっ！」と気合いを入れる必要がありますが、休暇を調整したり、交通機関を調べたりするところから、もう人生の変化ははじまっています。高千穂の神さまたちは、そんな私たちを「よく来たね！」と迎えてくれ、すばらしい経験をプレゼントしてくれるのです。

神さまと人をつなぐ場所

高千穂神社の境内の森は深い蒼《あお》の色をしていて、神さまの息づかいが聞こえるほどの静けさ。たくさんのご神木があり、どれもすばらしいパワーを秘めています。天孫降臨《てんそんこうりん》*1 の地である高千穂は、神さまと人をつなぐ場所。高千穂神社をはじめとする高千穂のパワースポットをめぐることで、自分だけでなく、まわりの人を元気にする力も湧いてきます。

拝殿の中にいる狛犬
珍しい鉄製で、
鎌倉時代に源頼朝によって
奉納されたものだそう

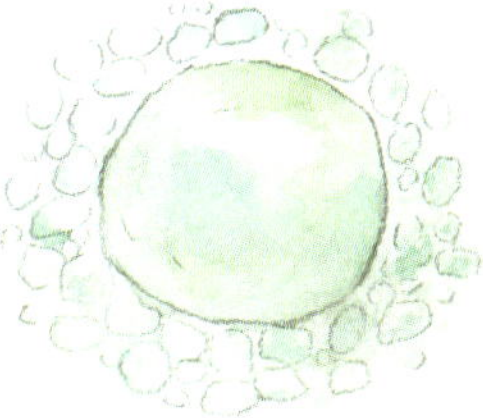

本殿の東側奥にある「鎮石」
石の前でお祈りすると、心の乱れや
世の中の乱れが静まり平和が訪れます

樹齢800年の秩父杉
ご神木の前に立つと、体の芯が
しっかりする力をいただけます

高千穂にある八十八の神社の総社である高千穂神社には、多くの神さまがまつられています。主祭神は「タカチホスメガミ（高千穂皇神）」で、これは次の神さまの総称です。

神さまがいっぱい!

タカチホスメガミとは？

ニニギノミコト
コノハナサクヤヒメノミコト
ヒコホホデミノミコト
トヨタマヒメノミコト
ウガヤフキアエズノミコト
タマヨリヒメノミコト

*1 天孫降臨……アマテラスオオミカミの命を受けて、アマテラスオオミカミの孫であるニニギノミコトが、高天原（天上）から高千穂峰（地上）に下りたこと。ニニギノミコトはアマテラスオオミカミから授かった三種の神器をたずさえ、ほかの神々を連れて高天原から地上へと向かったといわれています。

神楽で神さまの世界を知る

手力雄(たぢからお)の舞

スサノオノミコトのひどいいたずらを悲しみ岩戸に隠れてしまったアマテラスオオミカミ。そんなアマテラスオオミカミの隠れた場所を見つけ出すタヂカラオノミコトの舞です

高千穂では、秋の実りへの感謝と翌年の豊穣を祈願して、毎年11月中旬から翌年2月上旬にかけて、町内にある20の集落で、三十三番の神楽をひと晩かけて奉納するという昔からの神事があります。高千穂神社の神楽殿では、三十三番ある神楽の中から代表的な四番を参拝者向けに表演。「高千穂神楽」として楽しめます（毎晩20～21時、700円）。

鈿女(うずめ)の舞

岩戸からアマテラスオオミカミを誘い出すべくアメノウズメノミコトが岩戸の前で踊る様子です

戸取(ととり)の舞

アメノウズメノミコトの舞で盛り上がった神さまたちの笑い声が聞こえ気になったアマテラスオオミカミは岩戸を少し開いて外の様子を伺います。タヂカラオノミコトはその瞬間を逃さず、岩戸を強い力で開いたので、アマテラスオオミカミは岩戸から外に出て、ふたたび世界に光が戻りました

高千穂峡《たかちほきょう》でまっさらな自分になる

高千穂神社からバスで約5分（徒歩約20分）の場所にある「高千穂峡」は、阿蘇山の火山活動によって流れ出た火砕流《かさいりゅう》が冷え固まり、水流に侵食されてできた渓谷。高さ100メートルの断崖が約7キロにわたって続く景色に圧倒されます。屏風のような岩は、マグマが冷えて固まるときに収縮して生じる柱状の割れ目で、柱状節理《ちゅうじょうせつり》と呼ばれます。

最もパワーを感じる場所は「真名井《まない》の滝」。約20メートルの高さから落ちる様子は、ボートにのれば間近で見ることができます。

天岩戸《あまのいわと》神社《じんじゃ》で神々の息吹に触れる

天岩戸神社のご祭神は、アマテラススメオオミカミ（天照皇大神）。アマテラススメオオミカミが隠れた「天岩戸《あまのいわと》」と呼ばれる洞窟をご神体としておまつりしています。奥には、天岩戸が見える天岩戸遥拝所があり、社務所で受付をすれば、神職の方が案内してくださいます。また、歩いて 15 分ほどのところには、岩戸に隠れたアマテラススメオオミカミを誘い出すために八百万《やおろず》の神々が集まって相談したとされる「天安河原《あまのやすかわら》」があります。

天安河原（あまのやすかわら）
石を積み重ねてお祈りすると
願いが叶うといわれています
重ねる石の数は3・5・7つのいずれかがよいそう

「太鼓橋（たいこばし）」は橋の真ん中に立つと、
時間が止まったようにシンと心が静まります

おすすめ参拝ルート

【1 日目】高千穂神社本殿（拝殿）参拝
↓
ご神木（夫婦杉は3周して良縁祈願）
↓
鎮石、社務所でご朱印をいただく
↓
20 時から**高千穂神楽**を楽しむ

【2 日目】天岩戸神社へ
天岩戸遥拝所などを参拝（要申込）
↓
社務所でご朱印をいただく
↓
裏門から徒歩約 15 分の**天安河原**へ

＊宮崎交通「高千穂回遊バス」高千穂峡～高千穂神社～天岩戸神社までを約 30 分でつなぐバス（1 日 4 往復 1 日乗り放題で大人 600 円）が便利。運航日が限られているので要チェック。

ほっとひと息

あまてらすの隠れテラス

営業時間：10:00 ～ 17:00（不定休）
☎ 0982-76-1200

天岩戸神社の西本宮裏門を出てすぐのところにあるカフェ。オープンテラスもあり、おいしいアイスをいただきながらゆっくり休憩できます。

大阪

枚《ひら》岡《おか》神《じん》社《じゃ》

言葉を使って仕事をする人を応援する神さま

DATA 枚岡駅から徒歩約1分
大阪府東大阪市出雲井町7–16
☎ 072-981-4177

枚岡神社にまつられている神さまは、美しい祝詞《のりと》で岩戸を開いたアメノコヤネノミコト（天児屋根命）。拝殿で手を合わせると、美しい星が滝のように頭上に降りてくるように感じます。言葉を使って人を幸せにする職業の方が活躍できるように力を授けてくださいます。

　さかのぼること約2680年前。神武天皇が建国するために大和を目指して東征するのですが、生駒の豪族に阻止されてしまいます。そこで建国への祈りをこめて、岩戸を開いたアメノコヤネノミコトをおまつりしたのが枚岡神社のはじまりです。そして1300年後、アメノコヤネノミコトが春日大社でもまつられたことから、枚岡神社は「元春日《もとかすが》」とも呼ばれています。

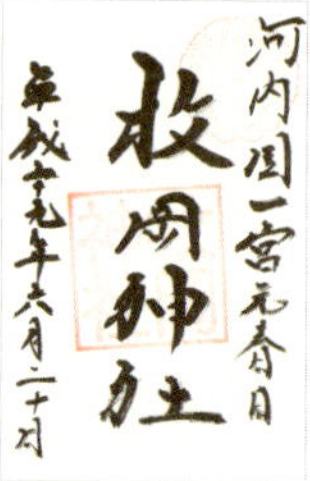

ご朱印

「元春日」と呼ばれる太古の聖域

拝殿の右奥を進むと摂社・末社があります。その前の小道は神気に満ちていて、細胞ひとつひとつが元気になっていくよう。とくに朝は極上の気持ちよさ！

朝の参拝がおすすめ!

みんなでお腹の底から
「あっはっはー!」

笑うと心の岩戸が開かれる

枚岡神社には、20分にわたって大声で笑うというご神事があります。毎年12月に、一年間の出来事を感謝の気持ちをこめて笑い合うことで、雑念をはらい、福を呼び込み、新年の開運を祈るというもの。通称「お笑い神事」（正式には「しめかけ神事」）と呼ばれるこの神事は、もともとはご神職20名ほどで笑い合っていたのが、2010年からは一般参加型となり、今では4000人を超える大イベントに。「あ」は天の神さま、「は」はものを生み出す力を表すので、「あっはっはー」というのは、「天の生み出す力をいただきます」という意味になるそう。

ご神木びゃくしんの前にて

無心で笑うと
心の奥にいる神さまの力が
外に出てきて元気になります。
笑いは心の岩戸を開くのです
宮司
中東弘さん

私も参加
してみました！
緋色は魔よけの
意味を持つ色
鳥居などにも
使われています

巫女《みこ》体験に参加しよう

巫女研修を開催する神社はいくつもありますが、多くの場合は年齢制限があります。ですが、枚岡神社の巫女体験は「日本人の美しい心や所作を育み、礼儀作法を子どもに伝えていってほしい」という思いから開催されているので年齢制限がなく、これまでに小学2年生から95歳まで、1000人以上の女性が参加しています。初級・中級・上級に分かれており、緋色《ひいろ》の袴を身に着けて、身も心も洗うような時間が過ごせます。

まずは、正しい
礼儀作法を
基本の
二礼・二拍手・一礼
みんなが見ている
ので少し緊張…

巫女舞を習う
稽古後に全員で行う
お神楽奉納は
貴重な体験！

一般の参拝者は入れない
ご本殿大前にて瞑想
目を閉じていると、
自分が少しずつ大きく
広がっていくような感覚に

研修を終えて

神さまは大自然に宿るだけでなく私たち人間にも宿るといわれていますが、それを実感できるのが巫女研修。丁寧に体を動かしていると、心の奥から感謝と生きる喜びが湧いてきて元気になっていきます。

会員証
永谷 綾子様
枚岡ひめの会 上級
枚岡神社

修了者には「枚岡ひめの会」の会員証が発行されます

枚岡神社神津嶽

おすすめ参拝ルート

枚岡駅前の**二の鳥居**から参拝スタート

- ➜ 参道を抜けると階段手前にリボンのようなしめ縄がある鳥居（「あげまき結び」という結び方に注目）
- ➜ 階段を上がり**本殿**（拝殿）で参拝
- ➜ **神津嶽本宮の遥拝所と摂末社**（若宮社、天神地祇社）を参拝
- ➜ 鶏鳴殿でご朱印をいただく
- ➜ **神津嶽**へ登拝

神津嶽《かみつだけ》は大きな力をたたえた神聖な地

本殿の北東に位置する「神津嶽」は、枚岡神社で最初に神さまがまつられた場所であり、非常に神聖なパワースポットです。地元では人気のハイキングコースだそう。片道約40分の山登りになるため歩きやすい靴で本宮を目指して。

コラム

神さまのオールスターが登場する「天岩戸神話」

「天岩戸《あまのいわと》神話」とは、日本神話のひとつで、次のような内容のものです。

黄泉《よみ》の国に行った母が恋しくなり「会いたい！」と泣き叫んでいたスサノオノミコト。神さまとしての役目を果たさないため、父イザナギノミコトから追放されることに。道の途中、姉のアマテラスオオミカミにあいさつをしようと高天原《たかまがはら》を訪ねますが、アマテラスオオミカミから「私を攻めようとしたのでは？」と疑いをかけられます。スサノオノミコトは邪心がないことを証明し、しばらく姉のもとに滞在させてもらうことに。しかし、相変わらずひどい乱暴が止まらないスサノオノミコト。その様子を嘆いたアマテラスオオミカミはとうとう岩戸に籠ってしまいました。

太陽の神さまが岩戸に籠ると世界は真っ暗闇に。困った神々はアマテラスオオミカミを外に出すための会議を行います。岩戸の前で宴会を行い、アメノコヤネノミコトが感謝の祝詞《のりと》をあげ、アメノウズメノミコトが踊り始めます。そのあまりのおもしろさに神々は大騒ぎ。アマテラスオオミカミはどうしても外の様子が見たくなって扉を少し開けます。その瞬間、力持ちのアメノタヂカラオノミコトが岩戸を投げ飛ばし、アマテラスオオミカミを外に連れ出しました。こうしてやっと世界に光が戻りました。

六章

ご縁を結ぶ

生まれる前に結ばれた運命の赤い糸。人生のベストなタイミングで赤い糸をたぐりよせ、運命の人にめぐり会うといわれています。「どんな人と出会うのだろう、その人とどんなふうに幸せになるのだろう」ドキドキ、ワクワクしますよね。

そもそも「ご縁」とは、男女の良縁をはじめ、良き友人、良き先生、良き仕事との出会いなど、さまざまなめぐり合わせのこと。そして、「むすび」とは、もともと「産霊」という字を書き、「新しいものを産みだす神聖な力」を意味します。

つまり「ご縁を結ぶ」とは、ただ出会うだけではなく、その出会いを通して〝なにか素敵なものを生み出すこと〟が大切なのです。

素敵なものとは、大切な人との間で生まれる愛情かもしれませんし、温かい家庭かもしれませんし、人を笑顔にする仕事かもしれません。

神奈川県にある江島《えのしま》神社は、〝ワクワクするご縁〟が結ばれる場所。海に囲まれた江ノ島に、美しい海の女神さまと龍神がおまつりされていて、まるで龍宮城を歩いているようにワクワク楽しい気分になります。「女性に生まれたことを心から楽しみたい！」という人におすすめです。

福岡にある宝満宮《ほうまんぐう》竈門《かまど》神社は、〝やさしいご縁〟が結ばれる場所。穏やかなエネルギーがあふれる宝満山に鎮座するパワースポットで、恋愛・結婚・出産を応援してくれます。「やさしくて穏やかなパートナーと結ばれたい」「温かい家庭を築きたい」という人におすすめです。

多摩川浅間神社は、〝かわいいご縁〟が結ばれる場所。かわらしい女神がおまつりされていて、お参りすることでその人の中にあるかわいらしさが引き出されます。「女子力を上げたい」「女性を美しくする仕事をしたい」という方におすすめです。

縁結びの神さまに応援されながら、ぴったりの素敵な出会いに恵まれますように。そして、大切な人といつまでも寄り添い、愛を育めますように。

神奈川

江島神社《えのしまじんじゃ》

DATA 片瀬江ノ島駅、江ノ島駅より徒歩約20分
神奈川県藤沢市江の島2-3-8
☎0466-22-4020

今から千五百年近く前に大地の震動により隆起してできた江ノ島。隆起する前はきっと龍宮城だったのだろうと思えるほど、島の至るところに海の女神や龍神、そして亀をはじめとする海の生き物のパワーを感じます。美しい海の女神三姉妹（宗像三女神《むなかたさんにょしん》）が

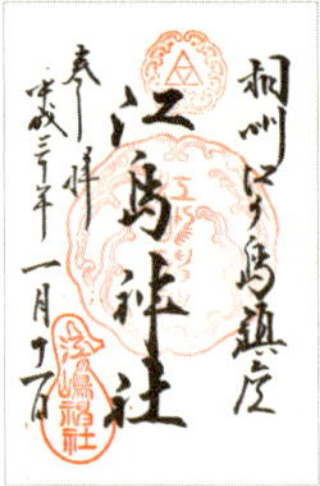

ご朱印

愛し愛されるパワーをいただける竜宮城

それぞれの個性にふさわしい造りのお宮にまつられています。

幸せになるめぐり方は、女神の三女がまつられている辺《へ》津宮《つみや》で身も心も浄化して金運アップしたあと、次女がまつられる中津宮《なかつみや》で恋愛運・美容運を高め、長女がまつられる奥津宮《おくつみや》で自分の内側にある本当の願いを宣言して仕事運・人気運を上げます。最後に奥津宮の隣にある龍宮《わだつみのみや》を参拝し、龍神に無事にお参りできたことの感謝を伝えましょう。

境内全体が楽しいテーマパーク

宗像三女神《むなかたさんにょしん》は、美しい女神三姉妹。三女・タギツヒメノミコト（田寸津比賣命）がまつられている「辺《へ》津《つ》宮《みや》」は、３つの社の中で最も手前にあり、参拝者が多く訪れる場所。江ノ島という龍宮城の玄関にたどり着いたようなドキドキ感をおぼえます。

江ノ島は遠くから見ると
亀の姿に見えることから、
亀と縁が深いと
いわれています

辺《へ》津《つ》宮《みや》で浄化する

辺津宮に流れるエネルギーをひと言で表すと「浄化」。参拝するときは、本殿の奥から海の波がやってきて、その波が自分のけがれを祓ってくれるようにイメージします。「浄化してくださりありがとうございます」と感謝することも忘れずに。

海の波によって浄化されるということは、自分の中の「めぐりがよくなる」ということ。それまで滞っていたこと、なかなか進展しなかったことが進みはじめます。境内には「弁財天黄金《べんざいてんおうごん》浄水《じょうすい》」があり、備え付けのザルにお金を入れて洗うとお金のめぐりがよくなります。

お金と心を
洗い清めましょう

こちらの打ち出の小槌《こづち》は、なでると自分の夢だけでなく人の夢を叶える力も授かるように感じます。ぜひ試してみて！

華やかな女神を思わせる中津宮の社殿
かわいくてキュンとします!

中津宮《なかつみや》で恋愛・人気運をアップ

辺津宮《へつみや》で浄化されてすがすがしくなったところで、次女・イチキシマヒメノミコト（市寸島比賣命）がまつられる「中津宮《なかつみや》」へ。イチキシマヒメノミコトは、弁天さまと同一神と見られており、三姉妹の中で最も美しい女性。美容運や恋愛運、人気運をもたらす神さまです。

拝殿には素敵な彫り物がいっぱい
天井には美しい花鳥画、
正面の左右には美しい弁天さま

拝殿の左側には「水琴窟《すいきんくつ》」の入り口があります。水琴窟は、美しい水音を楽しむために造られた日本庭園の装飾のひとつで、水滴が瓶《かめ》に当たって透き通るような音色を奏でます。水琴窟で耳を浄化しながら本殿のほうを向いて深呼吸すると、体の中を美しい水が流れるよう。

水鉢の下に埋めた瓶に水のしずくが
落ちることで、弦を弾いたような
涼やかな音を奏でる仕組み

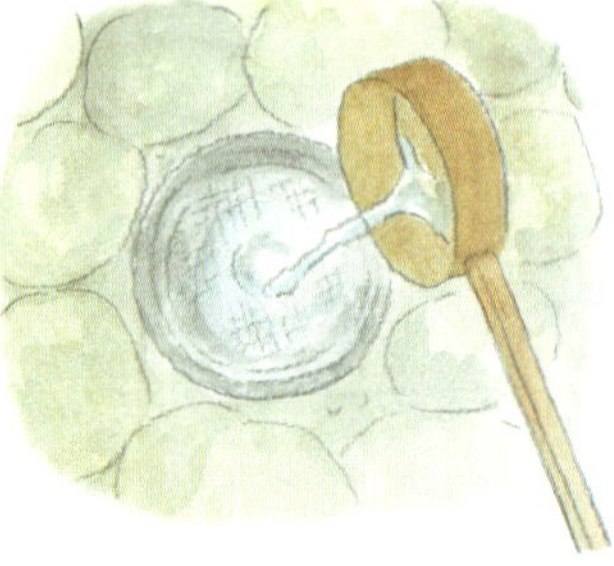

拝殿から見た本殿

神威奉戴
萬福招来

仕事運と自信を高める奥津宮《おくつみや》

「奥津宮」には、長女であるタギリヒメノミコト（多紀理比賣命）がまつられています。タギリヒメノミコトは三姉妹の中で最もリーダーシップがあり、聡明さとパワフルさが魅力。奥津宮は江ノ島のパワーの源であり、宇宙とつながった神秘的なエネルギーを感じます。

中津宮から奥津宮に向かう途中にある「山ふたつ」は、海水に侵食されてできた洞窟の天井部分が陥没した跡だそう。ここに立って海を眺めると、探し求めていた答えが見つかったときのような晴れやかな喜びを感じます。

「八方睨みの亀」は、
不思議なことに
どこから見ても
目が合います！

拝殿の天井には「八方睨《にら》みの亀」がいます。天井の亀と目を合わせ、夢や目標の場所まで運んでくれるようにお願いしましょう。

おすすめ参拝ルート

江ノ島弁天橋を渡り、**青銅の鳥居**、**朱の鳥居**をくぐる

↓

辺津宮（金運アップ）

↓

社務所でご朱印をいただく

↓

中津宮（恋愛運・美容運アップ）

↓

奥津宮（仕事運アップ）

↓

龍宮（迫力満点の龍のお社）

ほっとひと息

カフェ・マディ江ノ島店

営業時間：［平日］11：00～18：00
［冬季平日］12：00～18：00
［土日祝］10：00～19：00
☎ 0466-41-9550

江ノ島 恋人の丘近くにあるカフェ。江ノ島の海を見下ろせる眺めのいい店内で、おいしいパフェをいただきながらひと休み。

福岡

宝満宮竈門神社《ほうまんぐうかまどじんじゃ》

DATA 太宰府駅からバスで約10分
福岡県太宰府市内山883
☎092-922-4106

大宰府《だざいふ》政庁の鬼門《きもん》（北東）にあたる竈門神社は、天智天皇の時代から国家を守護する祭祀が行われてきた霊山に建てられています。菅原道真《すがわらみちざね》の「男らしい強さ」を感じる太宰府天満宮とは対照的に、竈門神社は女神・タマヨリヒメノミコト（玉依姫命）がまつられ、女性のやさしさに満ちたパワースポット。

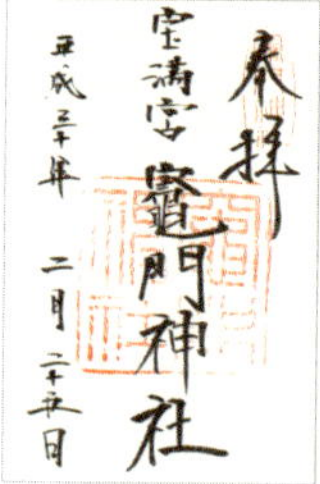

ご朱印

自分に一番合う人、仕事とご縁が結ばれる

タマヨリヒメノミコトは、魂（玉）と魂を引き合わせる（依）ことから、縁結びの神さまとして信仰されてきました。男女の良縁をはじめ、仕事、友人などの縁結びを後押ししてくれます。とくに「自分に似合う」ご縁を結んでくれるのがうれしいところ。末永く幸せを感じるパートナーシップを望むなら、「等身大の自分でいられる」ことが大切。自分が本来の状態でいられるような人や仕事とご縁が結ばれるように祈りましょう。

タマヨリヒメノミコト

心を清めて
直感力を磨こう

タマヨリヒメノミコトを参拝すると、直感力が高まるように感じます。直感力が高まれば、自分らしい人生の選択ができ、幸せに導かれます。願いを叶えるには、自分の直感力を使うこと、直感を信じること、そして楽しむことが大切です。

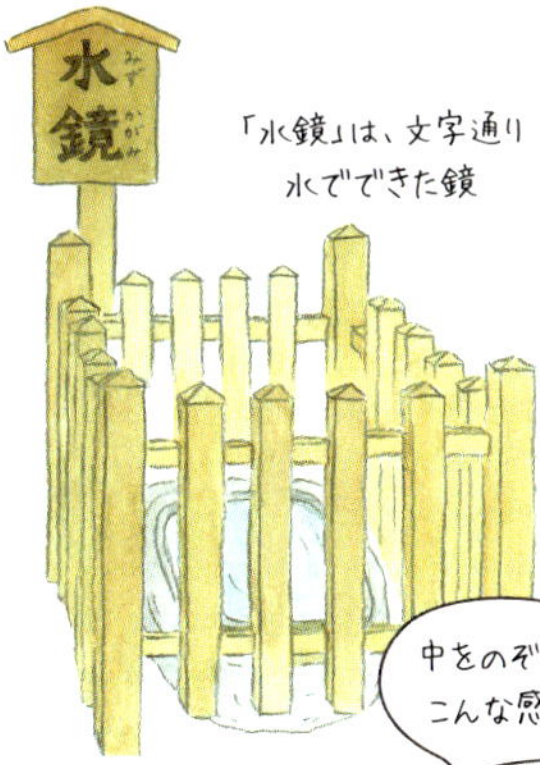

「水鏡」は、文字通り
水でできた鏡

本殿の手前にある「水鏡」は、姿を映すことで内面から清められるといわれています。

「招霊(おがたま)の木」
前で手を合わせると
頭と心がすっきりして
インスピレーションが
降りてきやすくなります

岩の間は4メートルほど
目を閉じるとドキドキ、ワクワク!

五穀社の前にあるふたつの岩は「愛敬《あいけい》の岩」と呼ばれています。一方の岩の前で目を閉じ、無事にもう一方の岩までたどり着けたら恋が叶うそう。

竈門神社を参拝した後は、
境内の須佐神社にお参りすると
自信とやる気が湧いてきます

直感を信じ、現実を変えていくために

直感を受け取ったなら、3日以内に行動するのがおすすめです。これは脳の働きと関連があり、3日を過ぎるとやる気が低下してしまうため。もし「教える仕事が向いている」という直感を受け取ったなら、たとえば人に伝えられるような経験や知識をイメージしたり、ノートにまとめてみたりすると、本当に教える仕事とご縁が結ばれていきます。

楽しみながら願い事を

お参り後は、「えんむすびこより」に願い事を書いて、「幸福の木」に結びます。

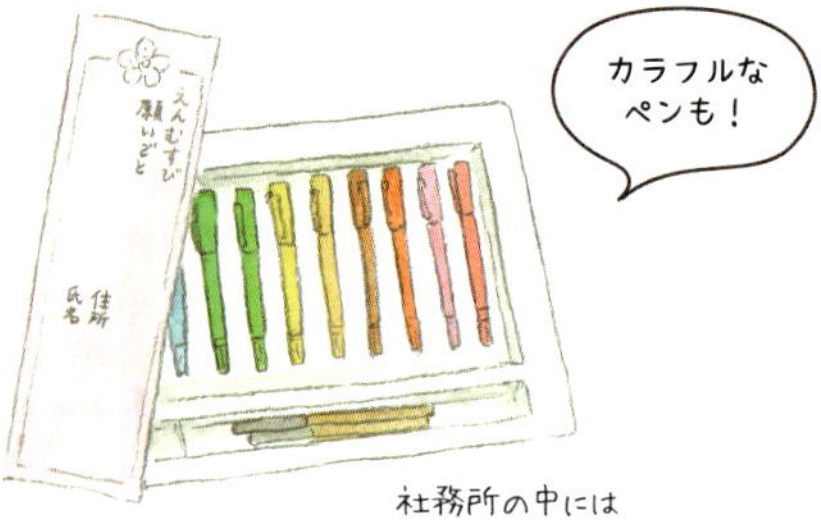

社務所の中には
「えんむすびこより」を
書くスペースがあります

てるてる坊主や糸巻きを
かたどったお守り

おすすめ参拝ルート

鳥居をくぐり**本殿**を参拝。**宝満山**のやさしいエネルギーを感じて深呼吸

➔ **水鏡**に姿を映して祓い清める

➔ **招霊の木**にお参りする

➔ **五穀社**参拝（愛敬の岩恋占い）

➔ **須佐神社**参拝

➔ 社務所でご朱印をいただく
（えんむすびこよりを幸福の木に結ぶ）

気になるキホン Q&A

Q お参りする神社はひとつに決めたほうがいいの？

A ひとつに決める必要はありません。たくさんの神社をお参りしたからといって神さまたちがケンカすることもありません。ただし、「ここぞ」というときにお参りする神社を決めておくのがおすすめ。行くたびに神さまと自分のエネルギーがシンクロしやすくなり、一歩を踏み出す勇気が湧いてきます。

Q 絵馬には何を書いてもいいの？

A 明るくポジティブなこと、建設的なことを書きましょう。叶ったときに自分もまわりも幸せになることがおすすめです。逆に、暗くてネガティブなこと、足を引っ張ること、迷惑をかけること、呪うようなことは、神さまから応援されることはありません。

Q 境内で拾った石や葉っぱは持ち帰ってもいいの？

A 神さまは本殿の中だけにいらっしゃるのではなく、境内のすべてのものに宿っています。お気に入りの小石や葉っぱを見つけても持ち帰ることはやめましょう。神社を出てからも神さまのパワーを感じたい場合は、お守りをいただいて帰りましょう。

Q 境内は自由に写真撮影していいの？

A 個人の参拝目的の場合は、撮影が許されている神社がほとんどです。ただし写真NGの神社（一部の神域）もあり、その場合は注意事項として掲示されていますので守りましょう。写真を撮る場合は、神さまに「ありがとうございます。写真を撮らせていただきます」とごあいさつしてから。拝殿や本殿の場合は神さまに敬意をはらい、少し離れたところから撮影します。

多《た》摩《ま》川《がわ》浅《せん》間《げん》神《じん》社《じゃ》

映画・ドラマのロケ地に選ばれる美しい神社

DATA 多摩川駅より徒歩約２分
東京都大田区田園調布 1-55-12
☎ 03-3721-4050

田園調布に鎮座する多摩川浅間神社は、晴れた休日にお散歩がてら訪れたいパワースポット。映画『シン・ゴジラ』や数々のドラマのロケ地になったことでも有名です。

８００年前の鎌倉時代、源頼朝を追ってきた妻政子が夫の武運を祈り富士山に手を合わせ、彼女が身に着けていた正観世音像をこの地に立てたことに始まるこの神社のご祭神は、コノハナサクヤヒメ。恋愛運・結婚運を上げる女神さまです。拝殿で手を合わせると胸がキュンとして、幸せな恋愛、結婚、そして出産までを導いてくれるコノハナサクヤヒメの愛情を受け取ることができます。

富士山の溶岩を配した参道は、富士登山のご利益がある富士塚。一歩ずつ感謝をこめて歩くと幸せが近づきます。

ご朱印

開運石は
龍のエネルギーを
感じる水晶

開運石の前で祝詞《のりと》を唱えよう

晴天時は富士山が望めます。富士山を見ながら「開運石」の前で手を合わせ、「祓《はら》い給《たま》い清め給《たま》え　神《かむ》ながら守り給い幸《さきわ》え給《たま》え」と唱えると心がスッキリ。未来の幸せをイメージしながら唱えてみて。

子産石に成功祈願

安産祈願のご利益がある「子産石」。両方の石に手をそっと当て、「ありがとう」と言うと心も体もホッと安心します。出産だけでなく、大切な仕事のプロジェクトの成功祈願にも。

お守り・絵馬いろいろ

桜の女神とわれるコノハナサクヤヒメ。桜をモチーフにした絵馬がすてき！

東京

桜《さくら》神《じん》宮《ぐう》

DATA 桜新町駅から徒歩約 2分
東京都世田谷区新町 3-21-3
☎ 03-3429-0869

傷ついた人を癒やし、幸せの種をまく

桜神宮は、造《ぞう》化《か》三神《さんしん》と呼ばれる万物を創造した神さま、アメノミナカヌシノカミ、タカムスビノカミ、カミムスビノカミや、伊勢神宮から分霊されたアマテラスオオミカミなどそうそうたる神さまがまつられている神社。鳥居をくぐる手前からワクワクして、

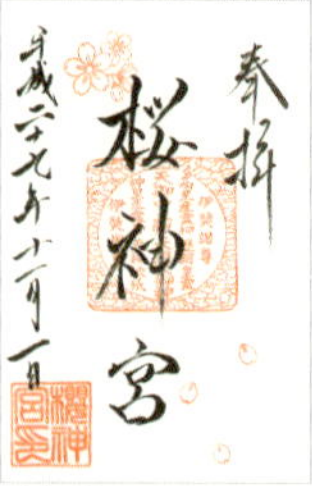

ご朱印

うれしさがこみ上げてきます。晴れの日の参拝が気持ちいいのは当然ですが、雨の日でも雪の日でも、境内に入ると心が晴れやかになり、元気が湧いてきます。

遠方や病気などで直接お参りできない人のための「インターネット遥拝《ようはい》」(http://www.sakura.jingu.net/youhai.html)や、毎月宮司さんからの言葉を受け取れるメールマガジンなどもあり、神さまといつも一緒にいるような安らぎを感じられます。

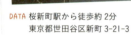

宮司の芳村さん
宮司に就任される直前まで
東芝のラグビー部でご活躍されていた
スポーツマン!

宮司さまに悩み相談

境内には「おなやみ相談」という30分間無料で悩みを聞いてくださるサービスが。「そもそも神社とは町の相談所であり、宮司とはみなさんが困ったときにお役に立つ相談人です」とおっしゃる宮司さま。私も相談してみました。

Q　人から冷たい態度を取られたらどうすればいいですか?

A　ひどく冷たい態度を取った人も、
傷ついているのです。
何か嫌なことがあったのでしょう。
でも、それはもう仕方のないこと。
だから、しょうがないなと許してあげるのです。
あなたから親切にしていくことで、
親切のコップがあふれ出して、
よいことがめぐってきます。

幸せを運んでくれそうな御朱印帳は、
宮司さまが自らデザインしたもの

さくらの えんむすび花帯

お願いを書いた花帯(桜色のリボン)を本殿前の縁結びの木(河津桜)に結び祈願します。

桜が咲いていない時期でも
リボンが桜のように見えてかわいい!

埼玉

川《かわ》越《ごえ》氷《ひ》川《かわ》神《じん》社《じゃ》

楽しい仕掛けがいっぱいの縁結びの神さま

DATA 川越駅または本川越駅からバスで約 15分
埼玉県川越市宮下町 2-11-3
☎ 049-224-0589

「小江戸」と呼ばれ親しまれている川越。蔵造りの町並みが広がるレトロな雰囲気が魅力ですが、その中で女性がこぞって訪れるのが川越氷川神社です。主祭神のスサノオノミコト（素盞嗚尊）をはじめ、彼の妻となったクシイナダヒメノミコト（奇稲田姫命）など三代のファミリーがおまつりされていることから、「家庭円満」「夫婦円満」「恋愛成就」のご利益がある縁結びの神社として知られています。

境内を風鈴の音で涼やかにしてくれる「縁むすび風鈴」は、川越の夏の風物詩。月ごとに変わる「まもり結び」や春限定の「さくらいろ守り」もかわいらしくて、一年に何度も訪れたくなるパワースポットです。

ご朱印

ホッとできる恋愛、家庭に恵まれる

本殿（拝殿）の前で手を合わせると、やわらかな風がふわりと心に入ってくるような感覚に。ここで縁結びのお祈りをすると、ほっこり安心できる恋愛や、温かい家庭に恵まれるように導かれます。

結婚式に遭遇したらラッキー！
お福分けで幸せをいただけます

本殿の立派な彫刻に注目

お参り後に本殿の裏にまわってぜひとも見たいのが、一面に施されたすばらしい彫刻です。今からおよそ170年前に、当時の名工が7年の歳月をかけて彫り上げたもの。川越氷川祭の山車に乗る人形がモチーフになっています。

一年に一度、本殿彫刻の特別見学会も興味があったらチェック！

源頼朝、牛若丸、浦島太郎など
有名な人物が彫刻に

かわいいお守りいろいろ

縁結び玉

川越氷川神社
縁結び玉

境内の玉砂利が
入ったお守り
1日20体限定です

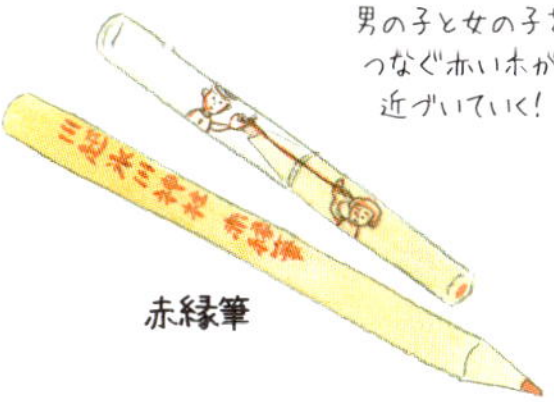

赤縁筆

使うにつれて、
男の子と女の子を
つなぐ赤い糸が
近づいていく！

まもり結び

家に飾るお守り
月ごとに結びと
色が変わります
毎月25日朝に、
翌月分（50体限定）が
頒布されます

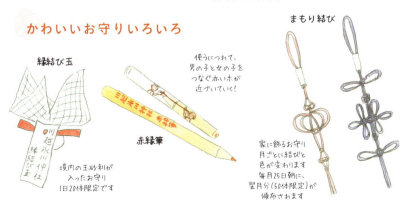

島根

玉作湯神社《たまつくりゆじんじゃ》

DATA 玉造温泉駅からタクシーで約5分
島根県松江市玉湯町玉造508
☎0852-62-0006

ご朱印

温かいエネルギーの中でご縁を結ぶ

三種の神器のひとつとして知られる勾玉《まがたま》。『古事記』では、岩戸に隠れたアマテラスオオミカミ（天照大御神）を外に連れ出すための儀式で登場するなど、勾玉は単なる装飾品ではなく、神の尊い霊力が宿るものと信じられてきました。そして古代の日本では祭《さい》祀《し》に欠かせないものでした。

勾玉の原料となる良質な「めのう」が産出される島根県・玉造地方は、古代から勾玉作りの一大産地として発展を遂げてきました。玉作湯《たまつくりゆ》神社は、三種の神器の勾玉を製作したクシアカルダマノミコト（櫛明玉命）をまつる、まさに勾玉づくりの聖地。職人たちや勾玉を大切にする人々を守っています。

温泉のような安らぎで美人になる

勾玉《まがたま》の神さまであるクシアカルダマノミコトのほかに、温泉の神さま・オオナモチノミコト（大名持命）とスクナヒコナノミコト（少彦名命）もまつられています。拝殿で手を合わせると、神さまが温泉水を掛けてくれているように肌や髪が潤い、足元からポカポカに。

勾玉はまさにパワーストーン
形の起源は「太陽と月」や「胎児」
などさまざまな解釈があります

「願い石」の力で願いを叶える

玉作湯神社では、石に願いを込めて自分だけのお守りを作ることができます。

まず、社務所で「叶い石」をいただきます
袋の模様や中に入った天然石は
一つ一つ違うので、直感で選んで

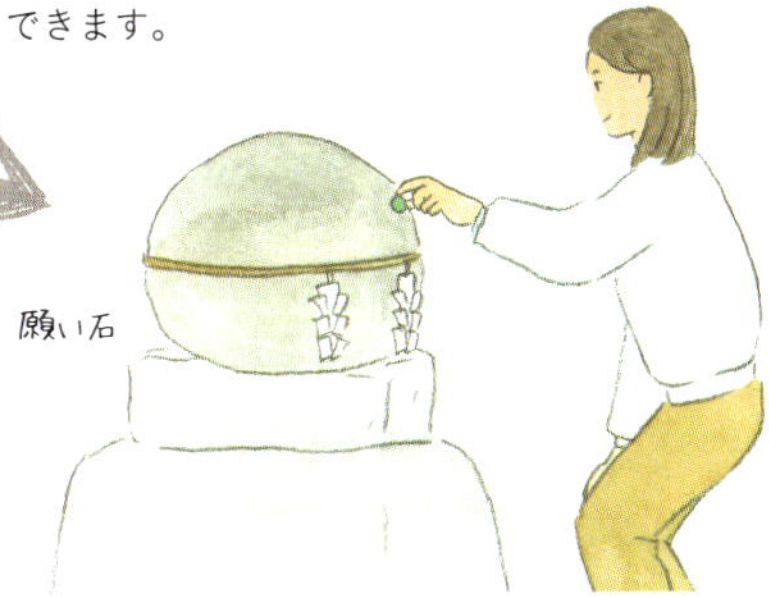

湯山主え大神の「願い石」に、
「叶い石」をくっつけて願いを込めます
湯山主え大神はご縁を結んでくれる神さま

叶い石を、願い事を書いた
願い札と一緒に袋に入れれば、
自分だけのお守りが完成！

「願い石」の隣にある「みまもり石」は、出雲で採れる勾玉の原石「青めのう」。やさしいパワーで「願いは叶うから大丈夫！」と勇気づけてくれるよう。

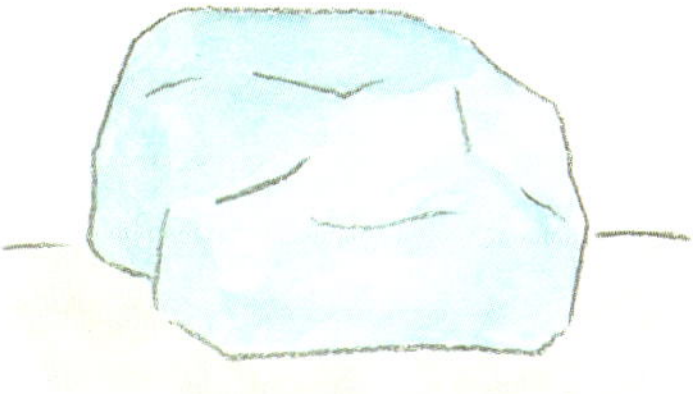

勾玉の原石「青めのう」

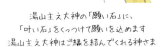

コラム

なぜ神社には橋があるの？

橋には、〝異なるふたつの世界をつなぐ〟という意味があります。

神社の入り口付近にある橋は、人間の世界と神さまの世界をつなぐもの。一歩ずつ神さまに近づいていくのです。大きな神社の場合は、社殿と社殿がかなり離れていて、間に橋が架けられている場合もあります。これは、「ここから先はさらに奥深い神聖な世界がはじまります」という意味があります。

たとえば、伊勢神宮（皇大神宮、内宮）。鳥居をくぐると、全長１０２メートルの宇治橋が架かり、橋下には、参拝者を清める役割をもつ五十鈴川が流れています。美しい景色を楽しみながら、少しずつアマテラスオオミカミの世界へ。橋を渡り切るころには、体が軽く感じられます。

橋を前にすると、「あ、ここから新しい世界がはじまる！」と、なんだか冒険しているようなワクワクした気持ちになります。参拝の帰りは、神さまの世界から日常の世界へ戻っていくわけですが、橋を渡りながら「神さまにいただいた素敵なパワーを日常生活に生かそう」と感謝しながら歩きましょう。橋を渡るたびに、神さまの前で誓った夢が叶っていくと思うと、より楽しくなります。

七章

仕事運を上げる

仕事とは、「誰かの役に立って、感謝されること」。役に立つ方法や手段は職種によってさまざまですが、目の前のお客さまに喜んでいただくために日々がんばっている人はたくさんいらっしゃると思います。

でも、なかには自分にどんな仕事が向いているのかわからない、仕事が楽しくない……と悩んでいる方もいらっしゃるのではないでしょうか。

仕事で悩んでいるときに思い出すのは、「世の中のために何か偉大なことをしなければならないと思いがちですが、そうではないのです」という枚岡《ひらおか》神社の宮司さまのお言葉です。

「お金がある人は、お金を使って誰かを幸せにすればいい。体力がある人は、力を使って誰かを幸せにすればいい。話すことが得意な人は、話をすることで誰かを幸せにすればいい。もし、私には何もできることがないと思うなら、笑顔で誰かを幸せにすればいい。あの人は心地良いなぁと思われる人になることも立派なことです」

こう聞いて、とても気持ちが楽になり、今自分ができることを笑顔でがんばろうと思えました。

「関東のお伊勢さま」と呼ばれる伊勢山皇大神宮《いせやまこうたいじんぐう》は、自分の仕事に自信が持てるようになるパワースポット。魅力や才能を引き出し、成功に導いてくれる女神さまがおまつりされています。目標を掲げてがんばっている人も、最近やる気が起きず困っているという人も、ここで力強い一歩を踏み出しましょう。

大阪の姫嶋《ひめじま》神社は、通称「やりなおしの神社」。決断力と行動力をアップしてくれる女神さまがおまつりされています。人生の再スタートを切り、まわりに応援されながら自分らしい仕事を楽しめるようになりたい人におすすめです。

仕事の本質は、自分自身が笑顔でいること、そして人を笑顔にすること。仕事運を上げる神社をめぐりながら、神さまの応援を受けて仕事がますます楽しくなりますように。そして、仕事を通してまわりに笑顔の花がたくさん咲きますように。

神奈川

伊《い》勢《せ》山《やま》皇《こう》大《たい》神《じん》宮《ぐう》

DATA 桜木町駅から徒歩約10分
神奈川県横浜市西区宮崎町64
☎045-241-1122

横浜随一の勝負運パワースポット

仕事や学業での勝負運を上げてくれる「関東のお伊勢さま」とも呼ばれる神社。ご祭神であるアマテラスオオミカミ（天照大御神）は、魅力や才能を引き出し成功に導いてくれる女神さま。本殿の前で手を合わせると、「あなたならできる！ 勇気を持って進め！」と力強く後押ししてくれます。太陽の神・アマテラスオオミカミと月の神・ツキヨミノミコト（月讀命）と海の神・スサノオノミコト（須佐男命）という偉大な神さまに加え、縁結びの神・オオクニヌシノミコト（大国主命）もまつられていることから、「高い志を持つほどにまわりに応援されて実現する」というご利益があります。

本殿の参拝は、参拝客があまり多くない朝の時間がおすすめ。平成32年の創建150年に向けて本殿の建て替えが進んでいます。

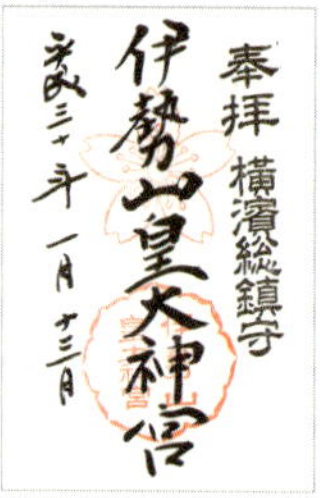

ご朱印

自分の良いところを教えてくれる

「いつもありがとうございます」と感謝して手を合わせると、体に不思議な感覚が降りてきます。胸のあたりがじんわり温かくなったり、額の真ん中がむずがゆくなったり。これは、神さまが「その部分を使うと幸せになれますよ」と教えてくれているサイン。ここで教えてもらったことを仕事や生活の中で人を幸せにするために使うと運がひらけてきます。

たとえば……

胸が温かくなった

→自分の気持ちに素直になると成功します。

額の真ん中がむずがゆくなった

→固定観念に縛られています。
直感を磨くことで答えがでます。

手が熱くなった

→文章を書く、料理する、マッサージをするなど
手を使う才能があります。

本殿参拝後は、「大神《おおみわ》神社」と「杵築宮《きつきのみや》」で、自分の魅力を発揮するための行動力と自信を授かりましょう。杵築宮の魅力は、ご神木の楠です。こぶに触れるとお腹が温かくなり安心感に包まれます。

杵築宮

茶室の庭の池のところで龍神を強く感じます

龍神の背中にのってさらに開運する

帰りは北側の裏参道を通るのがおすすめ。裏参道の手水舎奥にある茶室の庭周辺はかなり強い龍神のパワーが感じられます。感謝と今後の開運をお祈りしてお参りを締めくくります。

東京

日枝神社《ひえじんじゃ》

階段を上がると「天空の世界」が広がる

DATA 赤坂駅・溜池山王駅から徒歩約5分
東京都千代田区永田町2-10-5
☎03-3581-2471

ご朱印

東京・赤坂にある日枝神社は、何千メートルもの山を登ってたどり着いたようなありがたさと、山の頂上にある神さまの家を訪れたような喜びに満ちています。日枝神社の「ひえ」とは全国2000社ある山王信仰の総本山「比叡山」からきており、三角形の屋根（破風）がのった山王鳥居が有名です。江戸城の裏鬼門に位置し、徳川将軍家御用達の氏神《うじがみ》さまとして大切にされ、明治以降は皇居を護る役割を果たしてきました。

神門から拝殿に向かう参道の中央で立ちどまって空を見上げれば、宇宙の中心とつながっているような不思議な感覚に。心と頭がスッキリし、ひとつ上のステージで生きていく準備が整うように感じます。

立身出世の神さまから力を授かろう

参拝するときは、仕事を通して世のために何ができるのか、どんなふうに人々を幸せにしたいのかという未来像をイメージして、神さまに応援をお願いします。ご祭神は、オオヤマクイノカミ（大山咋神）。山と水の神さまで作物の豊穣を司ることから、産業発展、仕事運、出世運の神さまといわれています。

ひろびろ〜！
社殿の右手にある藤棚は
4月中旬から
5月上旬が見ごろ

拝殿の天井には、
創建当時の鎌倉時代の
武蔵野の自然が
123枚の板絵で広がります

女性の神猿は
家庭運をアップしてくれます
子猿を抱いています！

神の使い「まさる」

社殿の左右は、狛犬ではなく「神猿《まさる》」がまもっています。まさるという名前から、「勝る」「魔が去る」のご利益もあります。

男性の神猿には
仕事運・出世運を
祈ります

京都

宇《う》治《じ》上《がみ》神《じん》社《じゃ》

DATA 京阪宇治駅から徒歩約 10分、JR宇治駅から徒歩約 15分
京都府宇治市宇治山田 59
☎ 0774-21-4634

ご朱印

平安時代後期に造られた最古の神社建築といわれる本殿には、ウジノワキイラツコノミコト（菟道稚郎子命）と父である応神天皇、異母兄の仁徳天皇がまつられています。本殿は、内側に三つのお社《やしろ》が入っている珍しい造りで、世界遺産に登録されています。

かつて宇治は「菟道（うさぎのみち）」と書いて「うじ」と呼ばれていたそう。ウジノワキイラツコノミコトが、河内の国からこちらに向かう途中、道に迷い途方に暮れているとうさぎが現れて、無事に目的地まで案内したことから、うさぎは神さまのお遣いとして大切にされてきました。

人生を見つめ直し、正しい方向へ舵を切る

人生に迷っているとき、宇治上神社の本殿の前で自分をゆっくりと見つめ直してみると、曇っていた眼が、不思議なほど晴れてくるのを感じます。

神気が風になって背中を押してくれる

鳥居をくぐる少し手前から風が吹いてくるのがわかり、奥にいらっしゃる神さまから「おいで！」と歓迎されているような不思議な引力を感じます。さらに石橋を越えると、しんと静まり返った神さまのお庭に入ったような、それでいて自分の本当の居場所に戻ってきたような感覚に。

手水舎の水には、「宇治七名水」のうちで唯一現存している湧き水「桐原水」が使われています

最古の神社建築といわれている本殿国宝です

ぜひ山から降りてくる風を感じてみて！

不思議な風の正体は、本殿奥にある「仏徳山（武本大神をまつっている）」から流れ込む龍のような強いエネルギー

おすすめ参拝ルート

神門をくぐり、**桐原水**（手水舎）へ

➔ **ご神木**にごあいさつ

➔ **本殿**（拝殿）を参拝し、**磐座・春日神社・住吉社・香椎社**へ（本殿で見つめ直したことを行動に移すことを誓う）

➔ **厳島社・武本稲荷社・武本大神**へ（仏徳山から降りてく風を感じて）

➔ 社務所でご朱印をいただく（かわいいうさぎみくじも）

ほっとひと息

RAKU《ラ ク》 CAFE《カ フ ェ》

営業時間：10:00 ～ 17:00（Lo16:30）
金曜定休
☎ 0774-66-7070

宇治上神社から歩いて約5分。陽当たりがよく、ひとりでも入りやすいカフェです。シフォンケーキやたまごサンド、ロコモコなどおいしいメニューが揃っています。

島根

日御碕神社《ひのみさきじんじゃ》

DATA 出雲大社前からバスで約20分
島根県出雲市大社町日御碕455
☎0853-54-5261

勢いにのって行動する パワーと運をいただく

出雲大社（P18）を参拝した際にぜひ一緒に訪れたいのが、日御碕神社。出雲大社で感じるオオクニヌシノミコト（大国主命）の大らかで穏やかなエネルギーとは対照的に、こちらは目が覚めるような勢いがあります。ご祭神は、アマテラスオオミカミ（天照大御神）と弟であるスサノオノミコト（素盞嗚尊）。天岩戸神話（P130）では、アマテラスオオミカミが岩戸に隠れてしまうほど暴れたスサノオノミコトですが、後にここ出雲の地でヤマタノオロチを退治するなど、出雲を豊かな国にするべく励みました。

　夕陽が海に沈む姿が美しい日御碕《ひのみさき》は、まさに太陽の女神アマテラスと海の神スサノオが融合した晴れやかなパワースポットです。

ご朱印

本殿にある「太陽と月と海」の装飾
太陽はアマテラスオオミカミ、月はツキヨミノミコト、
海はスサノオノミコトを表しています

強い意志で行動できる人になるために

楼門をくぐると正面に向かえてくれるのは、アマテラスオオミカミがおまつりされている「日沈宮《ひしずみのみや》（下の宮）」。名前の由来は、伊勢神宮（P58）が「昼を守る」のに対し、日御碕神社は「夜を守る」ためといわれています。

続いて階段を上り、「神の宮（上の宮）」へ。こちらにはスサノオノミコトの奇魂《くしみたま》[*1]がまつられていて、明るさと勢いがあります。成功のための知恵を授けてくれるような頼もしさ。

スサノオノミコトをお参りすると、仕事運や勝負運が上がります

強くてやさしい稲荷神社

「神の宮」の奥、鬱蒼とした樹々の間にあるのは「稲荷神社」。はじめは少し怖い感じがしますが、心をこめて参拝すると、とてもやさしいエネルギーに包まれます。「神の宮」で誓ったことをキツネたちが応援してくれます。

＊1　奇魂（くしみたま）……不可思議な力で物事を成就させる神霊のこと。

大阪

姫《ひめ》嶋《じま》神《じん》社《じゃ》

DATA 姫島駅から徒歩約 6分
大阪府大阪市西淀川区姫島 4-14-2
☎ 06-6471-5230

仕事や恋愛、結婚など、期待どおりの結果が得られなかったとき。そんなときに助けてくれるのが、姫嶋神社にまつられている女神さまです。女神であるアカルヒメノミコト（阿迦留姫命）の明るく清々しいパワーが境内に海

ご朱印

人生はやり直せる！決断と行動の神さま

のように満ちて、新しい船出を後押ししてくれます。

「〝決断〟は、〝決意〟とは違います。決断とは、心に決めたことを達成するために、邪魔するものを断つということです」と教えてくださったのは、姫嶋神社の禰宜《ねぎ》さま。一度決めても人の心は揺れ動くもの。自分だけで決めたことを守るのはなかなか難しいのも事実です。だからこそ、姫嶋神社には、神さまの前で決断し、その後も応援してもらえる「はじまりの碑」があるのです。

覚悟を決めて行動した女神さま

赤い玉から生まれたアカルヒメノミコトは美しい女性に成長し、アメノヒボコ（天之日矛）の妻になります。懸命に夫に仕えるも、夫は慢心して妻をののしるように。そこでアカルヒメノミコトは「祖国へ帰ります」と宣言し、船に乗り大阪の難波に移り、女性たちに機《はた》織りや焼き物、楽器などの技術を教えるようになったそう。こうして多くの女性に信仰される女神となりました。

新しいスタートを切る参拝方法

「はじまりの碑」は、決意を後押ししてくる石碑。アカルヒメノミコトが船で新天地をめざしたことにちなみ、帆立貝の絵馬を石碑にくくりつけて新しい船出が順風満帆に進むように祈る場所になっています。そして、夢や目標を叶えるために断ち切らなければならないことは、紅い色の玉（断ち玉）に念じ、石碑の穴を通るまで投げ続けます。

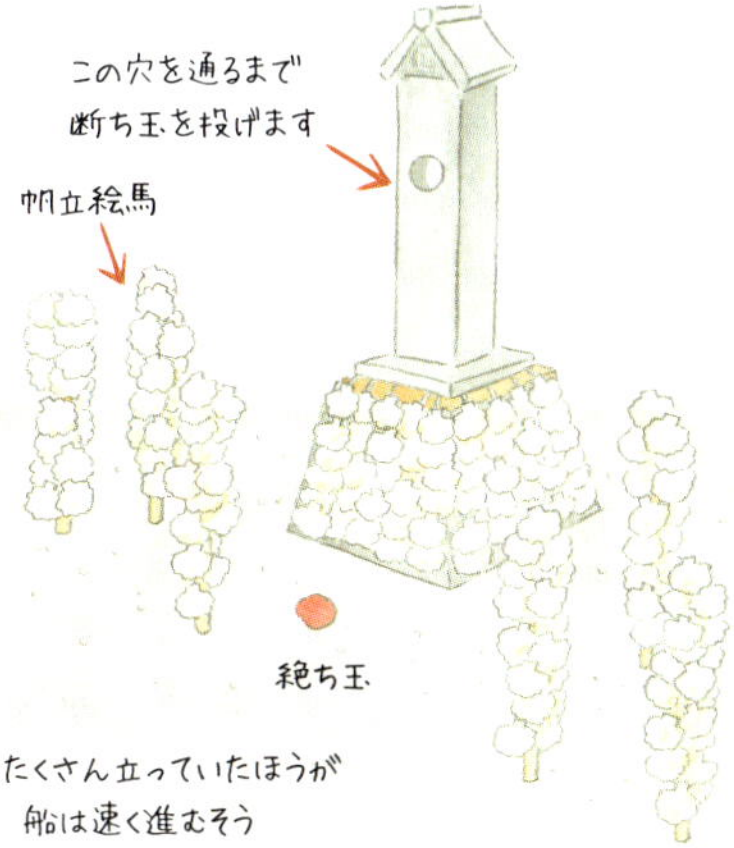

帆はたくさん立っていたほうが
船は速く進むそう
大勢のパワーに乗ることで、
早く願いが叶えられます

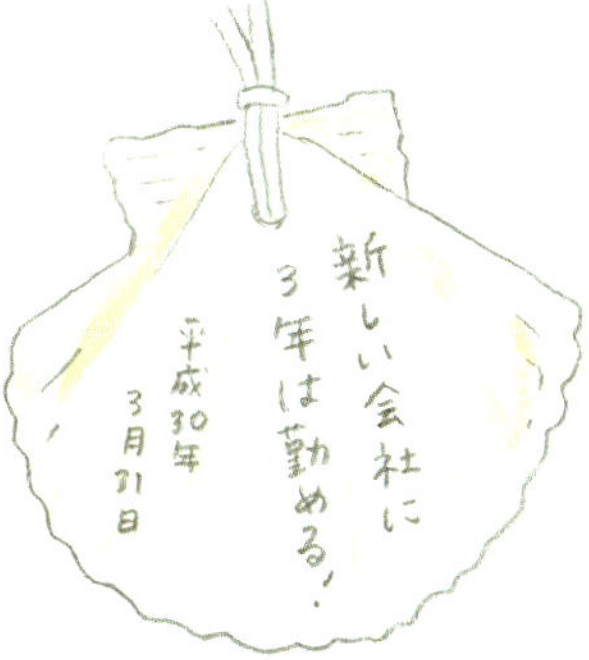

帆立絵馬には、夢や目標とともに
期限を書くのがポイント
期限を書くことで漠然とした夢が
一気に現実的になります

おすすめ参拝ルート

美しい大鳥居をくぐり、
本殿でアカルヒメノミコトに参拝
↓
楠社（ご神木の大楠に生息していた白蛇の神さまを参拝）
↓
金毘羅宮（渡航安全・商売繁盛・招福・技芸上達）
↓
玉榮稲荷神社（病気平癒）
↓
元楯社（前夫が追いかけてきたときにアカルヒメノミコトを楯で護ったといわれています）
↓
社務所で御朱印をいただく
↓
はじまりの碑にて帆立絵馬を書いて祈願する

コラム

願いが叶いやすい神社めぐりのタイミング

神社めぐりは場所も大切ですが、タイミングも大切です。よく「初詣以外で、神社はいつお参りすれば幸運に恵まれますか？」と質問されることがあります。

たとえば、「朔日参《ついたちまい》り」といって、毎月のはじめに神社にお参りする習わしがあります。これは、無事に一か月過ごせたことに感謝し、新しい一か月も幸せに過ごせるようにと祈るもの。この日に月次祭《つきなみさい》が行われる神社も多く、一日限定デザインのご朱印をいただける神社もあります。そのほか、自分の誕生日にお参りして日ごろの感謝を伝えるのもいいですね。

個人的に最もおすすめなのは、自分が「行きたい！」と思ったときに神社に行くことです。行きたいときに行きたい場所に行くのが幸運の波に乗るコツ！　一番気持ちが乗っているときに神社に行くと、ますます願いが叶いやすくなるのです。行きたいけれど、仕事や家庭の事情ですぐに行けないという場合は、その日のうちに参拝の計画を立てましょう。

また、まわりの人からすすめられたり、テレビや雑誌などでよく目にする神社があったら、「今がお参りするタイミングですよ！」という神さまからの招待状かもしれません。お参りするタイミングも、お参りする神社も、自分のアンテナに引っかかったら迷わず行動に移しましょう。

八章

金運を上げる

「収入がもっと増えますように」「お金がたまりますように」と、神社で金運アップのお願いをする方はたくさんいることでしょう。お金があれば必ず幸せになれるわけではないと知りつつも、毎日の生活を支え、潤いをもたらしてくれるお金はとても大切なもの。「幸せなお金持ちになりたい」と願うのは、ごく自然なことです。

では、金運を上げるためにはどうすればいいのか。そのヒントは、神社めぐりをしながらいただくことができます。

広島県の宮島に鎮座する嚴島《いつくしま》神社は、海に立つ大鳥居が有名ですが、境内を歩けばまるで海の上を歩いているようなワクワク感を味わえます。美しい海の女神が心身を浄化してくれるので、滞っていたものが気持ちよくめぐりだすのです。

嚴島神社を参拝して気づくことは、自分だけいい思いをしようとか、与えてもらうことだけを考えるのではなく、自分もまわりに何か素敵なこと（お金に限らず）を与えることが大切だということ。まさに、お金の「めぐりをよくする」ことが金運アップの秘訣だと体験できる場所です。

千葉県にある櫻木《さくらぎ》神社は、シンボルになっている桜をモチーフにしたご朱印とご朱印帳が美しくて人気を集めていますが、境内もまたすばらしいエネルギーに満ちています。暮らしや仕事に繁栄をもたらす神さまがまつられていて、本殿の前で手を合わせていると自分の内側から感謝の気持ちがあふれ、心がポカポカと温かくなるのを感じます。

日ごろ、自分にお金をもたらしてくれる人にどれだけ感謝できているかを振り返り、お金があることによっておいしい食事ができたり、素敵な洋服が着られたり、旅先で感動できたりすることに改めて感謝したくなります。

お金のめぐりをよくする最大のポイントは、この「感謝の心」。あえて言葉にするまでもない当たり前に思えるフレーズかもしれませんが、そのことに気づいて行動に移し、実際に幸せなお金持ちになっている人は意外と少ないのかもしれません。この機会に、神さまに応援されながら、お金に愛されるめぐりのよい人生をはじめてみませんか。

広島

嚴島神社《いつくしまじんじゃ》

DATA 宮島口駅近くの宮島口桟橋からフェリーで約10分
広島県廿日市市宮島町1-1
☎0829-44-2020

360度美しい景色の中でめぐりのよい人になる

嚴島神社といえば、誰もが思う、海に立つ大きな鳥居。朱色の鳥居が空と海の青さの中にくっきりと浮かび上がる姿は、昔から自然を敬い感謝してきた日本人の心の美しさを表しているように感じます。ご祭神は、アマテラスオオミカミから生まれた海の三女神、イチキシマヒメノミコト（市杵島姫命）とタゴリヒメノミコト（田心姫命）、そしてタギツヒメノミコト（湍津姫命）です。

　水に囲まれた社殿を歩くのはとても珍しいことで、まるで海の上を歩いているようなワクワク感。参拝した後は、海のエネルギーをたっぷりと受け、滞っていたものが気持ちよくめぐりだす感覚をおぼえます。お参りすると、お金のめぐり・ご縁のめぐり・情報のめぐりがよくなる、つまり金運や人気運や仕事運がアップするのです。

ご朱印

海に囲まれた回廊を歩く

宮島の海に建てられている嚴島神社。その姿は、潮の満ち引きで変化します。満潮のときは社殿が海に浮かんでいるように見え、干潮のときは建物全体が姿を現します。朱色の屋根、空と海の青、心が透き通っていくような気持ちよさ。回廊を歩いていると、どんどんワクワクしてきます。

弥山
本殿
大鳥居
社殿は
潮が満ちてくるとまるで
海に浮かんでいるよう

回廊
朱の色が美しい

回廊は東西で約260メートルもあります。床板には、潮の満ち引きの変化にも耐えられるように隙間があり、台風や高潮、水圧などから建物を守る工夫が施されています。

干潮時は大鳥居のそばへ

高さ16メートルの大鳥居は嚴島神社のシンボル的存在。木材は天然の楠が使われています。満潮時は海の中ですが、潮が引いたときは大鳥居のそばまで歩いて行くことができます。

大鳥居の近くから空を見上げよう
龍の形をした雲が見つかるかも!

才能を開花して仕事運をアップ

嚴島神社で感じる華やかさは、女神の力によるもの。とくにご祭神であるイチキシマヒメノミコトは、芸能の神さまといわれていて、華やかな世界で活躍したいアーティストの味方です。「自信を持って才能を使いなさい」と背中を押してくれているように感じます。

夢を叶えるめぐり方

ご本社で神さまに感謝した後は、「平舞台」のそばに立ち、海を見つめます。そして、夢が叶った姿を心に描き、自分もまわりも幸せにすることを誓います。

夢を叶えることを誓った後、「反橋《そりばし》」の姿を見ると、現実と未来をつなぐかけ橋のようでワクワクします。回廊から見ると未来につづく虹を渡るようにも見えます（反橋には立ち入れません）。

別名「勅使橋」ともいい、かつては勅使(天皇陛下のお遣い)が参拝するときに使用されていたそう

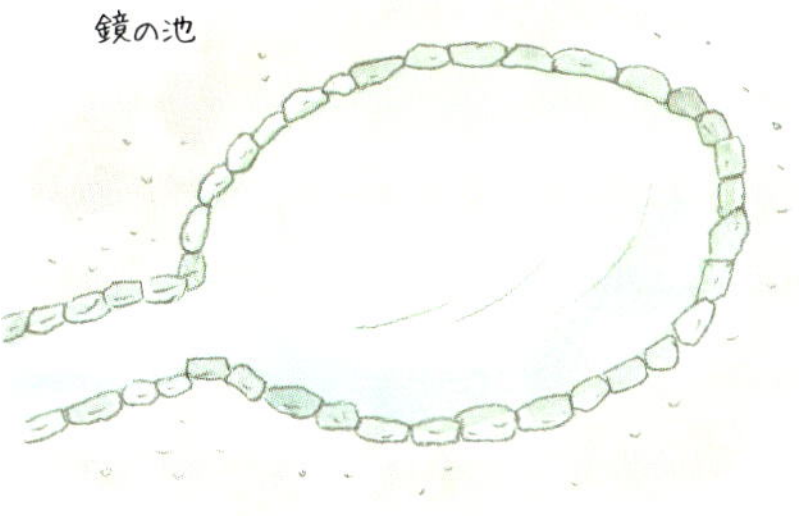
鏡の池
潮が引くとそこだけ水が
湧き出ているのがわかる
不思議な池です

龍神のパワーを感じよう

嚴島神社と江島神社（P134）には共通点があります。まずは同じ三女神がまつられていること、そして女神を護る龍神の存在を感じることです。龍神のエネルギーは、見上げた美しい空や、境内の３か所にある「鏡の池」で感じることができます。

カメラを向けると
目線をくれます!

宮島の鹿はやさしい

古くより神の島にすむ神鹿《しんろく》に会えます。第二次世界大戦後、数が少なくなったため、奈良の鹿６頭がこちらに引っ越してきたそう。ここ宮島の鹿は、穏やかでやさしい印象があります。

おすすめ参拝ルート

東廻廊入口からスタート（昇殿料 300 円）

↓

客《まろうど》神社参拝

（拝殿脇と揚水橋付近の鏡の池をチェック）

↓

ご本社参拝

↓

授与所にてご朱印をいただく

↓

平舞台から**大鳥居**を望む絶景を楽しんで

↓

大国神社・**天神社**参拝（鏡池も見られます）

↓

干潮時の潮位が 100 センチ以下の場合は
大鳥居まで歩いて行けます

ほっとひと息

古今果《ここんか》 anco

営業時間：10:00 〜 18:00
☎ 0829-44-1020

宮島口駅の近くにある本店もおいしいですが、ここ宮島にあるカフェ限定の「あんころね」が絶品。ほんのり塩がきいてコーヒーとよく合います。テイクアウトする人が多いですが、店内でも食べられます。

千葉

櫻《さくら》木《ぎ》神《じん》社《じゃ》

人生を豊かにしてくれる繁栄の神さま

DATA 野田市駅から徒歩約10分
千葉県野田市桜台210
☎04-7121-0001

桜の紋が施された華やかな神門をくぐると、広々とした境内にドンと構えた社殿が現れます。その昔、ここには美しい桜の大木があり、その根元に小さな祠《ほこら》を建てたのが櫻木神社の起源だそう。本殿ではその大木に宿る桜の神さまが今もなお、この地域を守り人々の精神的な支柱になっています。ご祭神は、ウカノミタマノミコト（倉稲魂命）。稲に宿り、食事をおいしくいただける喜びを与えてくださるほか、商業・産業の発展をもたらす神さまとしても知られ、金運アップのご利益があります。

境内には、痛いところが治る「健康のなで石」や、通称「トイレ神社」を設置するなどユニークな取り組みも。桜の開花シーズン以外でも足を運びたくなる心華やぐ神社です。

ご朱印

桜の巨木を感じながらお参りを

さくらの「さ」は稲の神さまを、「くら」は鎮まる場所を表します。つまり、「さくら（桜）」には「神さまが宿る木」という意味があるのだそう。拝殿（本殿）前に立ったら、大きな桜の木をイメージし、そこに宿る神さまに感謝しましょう。

華やかなご朱印に魅せられる

「さくらの日」の期間中である3月9日～29日は、特別なご朱印が頒布されます。

さくらの日の特別ご朱印

桜の季節には
「桜の花づけ」も
お湯を注いで
桜湯にしていただきます

願いを込めて石をなでよう

「健康のなで石」は、傷みや病気を癒やしてくれる石。石をなでた手で体のよくなりたい部分をなでます。かわいらしい大きさの石ですが、触れると熱いパワーが伝わってくるよう。

そっと手を置いて

東京

愛《あた》宕《ご》神《じん》社《じゃ》

DATA 神谷町駅から徒歩約5分
東京都港区愛宕 1-5-3
☎ 03-3431-0327

まわりに幸せを与えながら成功を手にする

自然の地形としては東京23区内で最も標高が高い愛宕山。現在は高層ビルが立ち並んでいますが、昔はここから東京が一望できたそう。勝海舟が西郷隆盛を誘って愛宕山頂から江戸を眺め「江戸城無血開城」へ導いた歴史の舞台としても有名です。

愛宕神社の代名詞ともなっている「出世の石段」を上りきると、ドキドキするような情熱とすべてを洗い清めてくれる穏やかさという緩急のエネルギーを感じます。これは、主祭神である火の神さま・ホムスビノミコト（火産霊命）をはじめ、水の神さま・ミズハノメノミコト（罔象女命）、山の神さま・オオヤマツミノミコト（大山祇命）、武徳の神さま・ヤマトタケルノミコト（日本武尊）というバラエティー豊かな神さまがパワーを授けてくださるからでしょう。

ご朱印

出世の石段

傾斜約40度86段の石段を目の前にすると「上れないかも……」と少々弱気になってしまうのですが、心を落ち着けて一礼し、一段ごとに日頃お世話になっている人の顔を思い浮かべて感謝しながら上ると、あっという間に頂上へ到着します。拝殿で手を合わせると、体の軸がスッキリ整い、自信と勇気が湧いてきます。

転ばないように
気をつけて!

招き石
なでると福が身につくと
いわれています
どことなく子犬に
見えます

福寿稲荷社《ふくじゅいなりしゃ》で金運アップ

豊かさを授けてくれる神さま・ウカノミタマノカミ（宇迦御魂神）がおまつりされています。社殿の足元にたくさんのキツネが遊ぶように並んでいるのがかわいい。

稲荷神社にキツネがいる理由は、
ご祭神であるウカノミタマノカミの
お遣いがキツネだから

子育て地蔵
ふんわり包みこんでくれる
やさしさに癒やされます
再開発のため特別に移設されました

永谷綾子　ながたに・あやこ

神社研究家・スピリチュアルセラピスト
大学卒業後、富士通ラーニングメディアにて、人材育成講師として勤務。社員研修やコミュニケーションスキルなどのセミナーを年間1500人に行う。たまたま訪れた神社で、自分の気持ちがとても整理され、心が浄化されていく不思議な感覚を味わう。この不思議な感覚は何なのかを知りたいという思いから、3年で380か所の神社めぐりを達成。神社を訪れることで、自分の中のスピリチュアリティーを高めることができることを発見。スピリチュアルとは、正しい使い方をすれば、人間関係を円滑にしたり、仕事をおもしろくするための生活の知恵であり、これからの時代に必要なセラピーだと確信し、その手法を伝えるスピリチュアル総合スクール「セブンチャクラ」を創立。ヒーリング、チャネリング、リーディングのセミナーは、「初めてでもわかりやすい」「すぐにできる」「日常に活かせる」と大好評。個人セッションは、クライアントに誠実に向き合う人柄と、その実践的なアドバイスから、全国に熱心なファンを多く抱える。

イラスト	平のゆきこ
写真	神社提供／P18、P84、P88、P92、 P144、P154、P156 河口信雄（アフロ）／P58 そのほかは著者提供
装丁	市川さつき（ISSHIKI）
本文デザイン	川野有佐（ISSHIKI）
編集担当	八木麻里

幸運《こううん》がやってくる！
おひとりさまの神社《じんじゃ》めぐり

2018年7月2日　初版第1刷発行

著　者	永谷綾子
発行者	小川 淳
発行所	SBクリエイティブ株式会社 〒106-0032 東京都港区六本木2-4-5 電話 03-5549-1201（営業部）
印刷・製本	萩原印刷株式会社

落丁本、乱丁本は小社営業部にてお取り替えいたします。
定価はカバーに記載されております。
本書の内容に関するご質問等は、小社学芸書籍編集部まで書面にてお願いいたします。

ISBN978-4-7973-9583-9